元イスラエル大使が語る

神国日本

NIPPON DO

エリ・コーヘン/著　藤田裕行/訳・構成

ハート出版

元イスラエル大使が語る　神国日本

はじめに

多くの日本人は、武士道はもう日本に存在していないと言います。

もちろん武士道を「武士《サムライ》の道」と定義するなら、職位としての武士は、「士農工商」という身分制度がなくなり、「四民平等」となった明治維新、つまり一九世紀の半ばも過ぎると終焉を迎えました。

しかし、武士道精神《サムライスピリット》は、決して死に絶えてはいません。日本人一人ひとりの中に、姿を変えて生き続けています。

私自身は、もう五〇年以上も、日々、武道の稽古を欠くことなく続けてきました。

空手道は松濤館《しょうとうかん》流の最高位五段（大島道場）で、イスラエルの松濤館流空手の師範でもあります。また、居合も無双直伝英信流の五段で、つい先日も靖国神社の能楽堂で、奉納演武をさせていただきました。

そんな私が、「外国人」という外からの目をもって観ると、日本の社会には、あらゆる面において武士道精神が発揮されていることがわかります。

日本で武道の稽古をする人たちは、皆が武士道精神を涵養《かんよう》しています。

二〇一一（平成二三）年三月、多くの日本の子供たちや若者が、東日本大震災の惨禍を体験することになりました。しかし、被災した子供や若者たちですら、武士道精神をごく自然に発揮していました。世界中の人々が、その姿に感動を覚えたことは、まだ記憶に新しいところです。

武士道精神は、いまだに日本に息づいているのです。

そして武士道精神は、日本にだけ残されているのではありません。

日本のあらゆる産業や芸術は世界に広まっていますし、マンガやアニメも世界に大きな影響を与えています。そうした姿の中にも、武士道精神は生き続けているのです。

そして、日本を遠く離れた海外の小さな国であるイスラエルにも、武士道精神は存在しています。

日本民族とイスラエル民族。世界にこの二つの民族ほど、まったく対極にある歴史を、紡いできた民族は他にはありません。

日本とイスラエルは、まったく異なった民族のように見えます。言語は、まったく違う言葉のように聞こえるし、文化も宗教も対極的に隔たったもののように思われます。

明治時代までは、両国が決定的な出会いや交流を持ったという歴史的な証拠は、まったくありません。

それにもかかわらず、深く掘り下げて研究してみると、日本の文化や家族の在《あ》り方、宗教の祭祀や象徴には、ユダヤの伝統や歴史、イスラエル民族との密接な関係を感じずにはいられません。

日本人にはまったく意味不明の「祭りの掛け声」などが、摩訶不思議にも私にはその意味がわかるのです。イスラエル民族とのつながりを暗示している伝統や神道の祭祀、日本の文化伝統が、あまりにも数多くあることに、率直な驚きを禁じ得ません。

すでに、「日ユ同祖論」や「日本とユダヤのつながり」などについて書いている多くの書籍があります。本書で、そうした書籍の内容を、あえて繰り返し述べる必要もないのですが、実に不思議な、あたかもイスラエル民族が、かつて日本にやってきていたのではないかと思わせる事例を、私なりに紹介したいと思います。

おそらく日本の歴史の中の、いくつかの異なった時代に、イスラエル民族は日本列島の異なった場所にやってきたのだろうと思います。そうでなければ、説明がつかないことが数多くあるのです。そうした絆が、日本の伝統や祭祀に多くの影響を残したのではないかと思います。

また、日本とイスラエルとが、長い歴史の上でほとんど交流がなかったにもかかわらず、明治以降になって、日本の伝統や日本人の生きざまが、イスラエル民族やイスラエル国家の形成に大きな影響を与えたことも特筆に値します。

日本人がイスラエル人に影響を及ぼしたのは、歴史的にはごく最近、二〇世紀の初めからのことですが、その流れは、二一世紀の今日までも続いてきています。

そうした日本とイスラエルの絆を考えるうちに、私は武士道の原点ともいうべきもの、日本人と日本という国の底流にあって、その立ち居振る舞いや存在そのものに影響を及ぼす根源的なものがあることに気づいたのです。

それは、「日本道《にっぽんどう》」とも呼ぶべきものです。

二一世紀の初めになって、日本とイスラエルの人々は、まったく異なった背景を持ち、違う民族であるにもかかわらず、深い絆があることに気づき始めています。

両国が、これまで以上に、文化交流において、ビジネスにおいて、はたまた技術協力において、関係を深め、絆を強くしていく上で、本書がその一助となることを願っています。

目次

第七章　日本もイスラエルも「神の国」だ／228

おわりに／264

第一章　神の命によって生まれた国

神話に由来するイスラエルと日本

日本は、数万年の昔から極東の小さな列島であり、侵略されることなく固有の歴史を刻み、「世界最長の王朝」として発展し、今日に至っています。この日本の歴史は、世界の奇跡と言ってもいいでしょう。日本人は、そのことを本当に誇りに思っていいと思うのです。

世界の中で、そんな歴史を持つ国は、日本しかありません。いや、もしかしたら我々もいまだ知らない秘境に暮らす小さな「部族王朝」があるかもしれませんが、日本という国は、現時点で知られる「世界最古の王朝」でありながら、同時に高度に洗練された文化や技術を持つ、世界屈指の先進国でもあるのです。そんな国は、私たちが知り得る限り、日本だけです。

その歴史が、神話に由来するというのも、なんと素晴らしいことでしょう。多くの先進諸国は、「神話から生まれた国」ではないのです。二一世紀の今日まで神話がつながっている国が存在するとは、まさに神の加護がなくては、あり得ないことだと思うのです。

日本という国は、天照大神《あまてらすおおみかみ》の「神勅《しんちょく》」によって誕生しました。

『古事記』や『日本書紀』には、その「神話」がしっかりと記されています。

天照大神は、「天孫《てんそん》」と位置づけられる邇邇芸命《ににぎのみこと》に、三つのことを伝えられました。

一つ目は、次のようなメッセージでした。


「豊に葦の生い茂る原に、瑞々しい稲穂が永遠に豊かに実り続けるこの国こそは、私の子孫が主となる地です。いまこそ我が子孫よ、その地に就いて治めなさい。さあ、お行き。その天の位は、天地と共に永遠に栄えることでしょう」（天壌無窮《てんじょうむきゅう》の神勅）

天照大神は、天孫・邇邇芸命にこう命じ、そして天孫が地上に「降臨《こうりん》」するのです。

日本国の原点は、「天降《あまくだ》り」の神話に由来しています。神が「天降り」したのが、日本という国なのです。

天照大神の二番目の「神勅」は、次のようなものでした。


「我が子よ、この神鏡を見る時は、私を見るつもりでご覧になりなさい。この鏡をあなたの住む宮殿内に安置して、祭りを行う時の神鏡といたしなさい」（宝鏡奉斎《ほうきょうほうさい》の神勅）

神社を訪れると、神殿には「鏡」が安置されています。その理由を知らない外国人には、ぜひ日本の神話を説明してあげましょう。

その理由は、天照大神の神勅でしっかりと説明されているのですから。

そして、日本ではなぜ稲作がとても大切にされているかも、神話に由来するのだと知れば、米づくりが日本人にとってどれほど大切で、神聖なものであるか、外国人も納得してくれます。

天照大神の三番目の「神勅」に、その原点がハッキリと示されています。

「私が高天原《タカマガハラ》でつくる神聖な庭の稲穂を、我が子に授けることにします」（斎庭《ゆにわ》の稲穂《いなほ》の神勅）

二一世紀の今日でも、天皇が新たに即位する時には、「三種の神器《じんぎ》」が継承されます。「三種の神器」を受け取ることなしに、天皇に即位することは、できないのです。

また、天皇が即位する時に行われる大嘗祭《だいじょうさい》でも、毎年行われる一年で最も重要な天皇の祭祀である新嘗祭《にいなめさい》でも、お米が大切に扱われています。その理由も、こうした天照大神の「神勅」に由来するのです。

「神のことば」こそが、日本の歴史、文化、伝統の原点です。

私は、こうした神話が、いまも日本で自然に実践されていることに、限りない畏敬の念を持っています。

『古事記』や『日本書紀』に記された「神話」を知ると、摩訶不思議にもイスラエル民族と日本民族がとても近い存在であるかのような思いを、ふつふつと感じてくるのです。

日本人は、ずっと日本の国土を奪われることなく何千年、何万年と暮らしてきたので、ごく自然に、こうした神話を受けいれているのでしょう。

一方でイスラエル人は、国を奪われて二千年、流浪の民として生きてきたという歴史があります。いわば「神のことば」を信じ続け、二千年の間は国を持たずに生きてきたと言ってもいいでしょう。だから、その信念は磐《いわ》のように堅固なのです。

そのあたりの日本人とイスラエル人の違いは、来歴の違いでもあるでしょう。

それでもなお私は、「神のことば」によって日本という国が誕生したことに、深い感慨を禁じ得ないのです。

なぜならば、イスラエル人は、神が約束した「カナンの地」に安住することをずっと願って歴史を生きてきたからです。

神の教えを記録した「トラ」の巻物

イスラエル人の宗教であるユダヤ教の聖典は、聖書《トラ》（あるいは「トーラー」）と呼ばれる巻物です。

聖書は、モーセ五書などの「律法書《りっぽう》」、イザヤ書などの「預言書」、そしてヨブ記などの詩編やヨシュア記などの歴代誌からなる「諸書」の三つに大別される構成となっています。

一般に、キリスト教徒からは「旧約聖書」と呼ばれていますが、ユダヤ教徒にとっては、これらが唯一の聖書です。こうした聖書は、巻物になっていますから、いわば、「トラの巻」といったところでしょう。

ユダヤ教の聖典には、聖書以外に、ユダヤ神秘主義の書『カバラ』と、ユダヤ教の僧侶であるラビによって書かれた聖書の注解書、『タルムード』があります。

ユダヤ教の聖典は、ヘブライ語で書かれていましたが、いわゆる「新約聖書」はギリシャ語で書かれました。

聖書が「バイブル」と呼ばれるのは、ユダヤの聖典を、もともとはヘブライ語で「ハ・セファーリム（『諸書』の意）」と呼んでいたからです。それがギリシャ語に翻訳され、「タ・ビブリア」となり、さらにそれが、ラテン語で「ザ・バイブル」となったのです。

ちなみに、モーセ五書とは、『創世記』『出エジプト記』『レビ記』『民数記』『申命記《しんめい》』を指して言います。

モーセ五書は、「律法書」とされています。それは、主である唯一神ＹＨＷＨ（ヤハウェ、文語訳ではエホバ）と結んだ「契約」が書かれているからです。

神は、こう宣言しています。


「私は主である。私は、アブラハム、イサク、ヤコブに全能の神として現れたが、主という私の名を知らせなかった。私はまた、彼らと契約を立て、彼らが居留してきた居留地であるカナンの土地を与えると約束した。私はまた、エジプト人の奴隷となっているイスラエルの人々のうめき声を聞き、私の契約を思い起こした。それゆえ、イスラエルの人々にいいなさい。私は主である。私はエジプトの重労働の下からあなたたちを導き出し、奴隷の身分から救い出す。腕を伸ばし、大いなる審判によってあなたたちを贖《あがな》う」

（『出エジプト記』第六章二〜六節）


そして神は、シナイ山でモーセに「十戒」を授けるのですが、その前にこう宣言しておられるのです。

「私は主、あなたの神、あなたをエジプトの国、奴隷の家から導き出した神である。
あなたには、私をおいて他に神があってはならない。
あなたはいかなる像もつくってはならない。上は天にあり、下は地にあり、また地の下の水の中にある、いかなるものの形もつくってはならない。あなたはそれらに向かってひれ伏したり、それらに仕えたりしてはならない。私は主、あなたの神。私は熱情の神である。私を否む者には、父祖の罪を子孫三代、四代までも問うが、私を愛し、私の戒めを守る者には、幾千代《いくせんだい》にも及ぶ慈《いつく》しみを与える」

（『出エジプト記』第二〇章二～六節）

そして神はモーセにさまざまな律法を示し、それを護るように命じたのです。

神が約束した「カナンの地」

世界の四大文明の一つであるメソポタミア文明が発展した地、メソポタミアこそが、聖書の舞台です。

チグリス川とユーフラテス川が、ペルシャ湾に流れ込むあたりに、ウルと呼ばれる町がありました。そこに生まれたのがアブラム（後のアブラハム）という人物です。

アブラムは、父のテラ、妻のサライ（後のサラ）、そして甥のロトと共にウルの町を離れ、タガーマ地方にあるハラン（現在のトルコ南東部）に移り住みました。

ハランで暮らすアブラムに、ある日、神のお告げが下ったのです。

その神のお告げは、次のようなものでした。


「生まれ故郷、父の家を離れ、我が示す地に赴け。我は汝を偉大なる国民とする。汝を祝福し、汝の名を高める。祝福の源となれ」


神を信じるアブラムは、その言葉に従い、妻と甥と召使いを連れてカナンの地に移り住みました。カナンの地とは、地中海とヨルダン川と死海に挟まれた地域のことを意味します。

しかし、カナンの地が飢餓に襲われたため、アブラムたちは、さらにエジプトへと移住をしたのでした。

ところが、妻のサライがあまりにも美しかったので、アブラムは心配で仕方がありませんでした。エジプトの男性に自分が殺され、サライを奪われてしまうことを案じたアブラムは、妻を「妹」と偽って、日々を過ごすことになったのです。

並外れた美貌のサライは、エジプト中の男性を魅了し、なんと王家に召し入れられることになってしまいます。アブラムたちは、王家から手厚い待遇を受けたのですが、やがてサライがアブラムの妻であることが露呈し、エジプト王家を追放され、カナンの地に戻ることになってしまいました。

カナンの地に戻る途中、アブラムと甥のロトの従者どうしが、家畜に与える水をめぐって争いになります。そして、甥のロトは肥沃な低地であるソドムへ移住し、アブラムは荒れ果てた地に残ることになったのです。

アブラムは、なかなか子宝に恵まれませんでした。妻のサライは八〇歳近くになり、もう子を授かることはないと思っていました。

そこで、サライはエジプト人の侍女のハガルに、アブラムの子を生ませようとしました。アブラムの寵愛を受け、権力を得たハガルは、サライを見下すようになり、さらに息子イシュマエルを出産すると、その対立は激しさを増しました。

しかし、数年後に、なんと九〇歳のサライが、息子のイサクを生んだのです。子供の生まれたサライにとって、ハガルとイシュマエルは疎《うと》ましい存在となり、ついにアブラムに二人を追い出すように求めたのです。

アブラムは、大いに悩みました。すると、神は、こう告げたのです。

「サライのいう通りにしなさい。イシュマエルもまた国民の父となる。彼も汝の子であるからだ」

ハガルとイシュマエルは、わずかな食料を与えられ、荒地に追放されました。二人は死を覚悟しましたが、神によって命を取りとめます。そしてイシュマエルは、母と出身の同じエジプト人と結婚し、子孫を増やしました。それがアラブ人なのです。

アブラムとイシュマエルは、アラブ人の祖とされています。

パレスチナの地をめぐって、イスラエル人とアラブ人が対立する原点が、ここにあるのです。

そして神は、アブラムにこう告げたのです。

「汝と汝の子孫は、祝福を受け、カナンのすべての土地を永久にあたえられる」

これが、神との契約です。

その契約の印としてユダヤ教徒は、生後八日目の男子には、割礼《かつれい》をほどこすことを約束したのです。

そしてこの時に、アブラムとサライは、神からアブラハム、サラという名を授かることになりました。

イスラエル民族は、いまでも、この時の「神のことば」を信じています。神によってイスラエル民族に「約束された地」こそが、カナンの地であり、いまのイスラエルが建国された地でもあるのです。

天之御中主神は、「創造主たる神」

『古事記』や『日本書紀』に描かれる神話が、はたして史実であったかどうか。それは「神話」ですから、立証は難しいことでしょう。それよりも、そうした神話によって、日本人が長い歴史を営んできたことを大切にすることが肝要です。

日本人の魂は、神話を信じることによって、継承されてきたのです。日本人の心の在り方が神話によって育まれてきた。そのことが、とても重要です。神々の物語が、日本人の精神をつくりあげているからです。

日本民族にとって、日本神話は、「民族の叙事詩《じょじし》」とでもいうべきものです。

神が、あるいは「神々が」、どのようにして世界をつくり、どのようにして「秩序」を生み出したかを、日本人が太古からどう捉えてきたか。そこに日本人の魂を形づくる原点ともいうべきものがあります。

『古事記』における初発の神は、何という神かご存知でしょうか。第二次世界大戦後になって、神話が教育の場で教えられなくなったことは、日本民族にとって残念なことです。

民族にとって、「最もかけがえのない大切なもの」を、封印してしまったのです。

『古事記』には、初発の神は、天之御中主神《あめのみなかぬしのかみ》であると、そう記されています。

まさに、言い得て妙というところでしょう。

初発の神は「天の中心にある主」と、そう位置づけられているのです。

いま風にいえば、「宇宙の中心にある主たる神」とでもなるでしょうか。

日本は、多神教の「神々の国」であると、そう言われますが、見方によっては、ひと柱《はしら》の「宇宙の中心の創造主たる神」から、さまざまな神々が生まれてくる「創造の物語」を持っているとも捉えることができます。

多神教とはいっても、決してバラバラなものが共存しているのではないのです。

「天之御中主神」という神の存在により、中心性が確立しています。

これは、極めて重要なことだといえます。

空手や居合といった武道でも、あるいは格闘技やスポーツでも、「中心軸」ほど大切なものはありません。バランスは、中心があって初めて均衡が保てます。よく右とか左とか、右翼であるとか左翼であるとか言いますが、右と左の存在だけでは、バランスを欠きます。やはり中心軸がしっかりとしていることが、とても大切です。

日本は、その中心軸を、初発の神「天之御中主神」から、ずっとつながる天の中心の神の生みの子を、その国の主であり、真ん中の存在として位置づけたのです。それが、「天皇」というご存在です。

『古事記』に描かれた「宇宙創造」神話

日本という国は、神話によって生まれたのですから、その神話を少しおさらいしておきましょう。

中心にある「天之御中主神」を軸として、『古事記』には、陰と陽の二つのエネルギーが、次々と姿を現してきます。

天之御中主神の次に姿を現したのは、「高御産巣日神《たかみむすびのかみ》」です。そしてその次に姿を現したのが、「神産巣日神《かみむすびのかみ》」です。

このペアの二神は、いずれも「結《むす》び」という言霊《ことだま》を内包しています。この宇宙で引き合うのは、陰と陽。プラスとマイナスのエネルギーです。

「ムスビ」という言霊、否、「音霊《おとたま》」に、「産巣日《むすび》」という漢字をあてているのも興味深いところです。

「産」はお産の「産」であり、「巣」は、卵巣などというように、命が生まれ育まれる家でもあります。「日《ひ》」は、太陽も意味しますが、言霊からすると「霊《ひ》」も意味します。つまり霊であり、魂のことなのです。

陰陽の神々である「高御産巣日神」と「神産巣日神」は、いわば大宇宙の創造から、極微の原子レベルの世界までを貫く、プラスとマイナスが引き合って生まれる生命の大秩序を表現しているのでしょう。

大宇宙も、極微の原子や素粒子の世界も、厳然とした秩序のもとに、営まれています。これをユダヤ教的にいうならば、創造の御業《みわざ》です。その力を持つのは、創造主です。いまもって、人類科学は、一つの生命を、無から生じさせることができないでいます。しかし、『古事記』の最初の記述は、創造主の存在を示しています。

伊邪那岐、伊邪那美が誕生するまで

中心を軸に陰と陽の気が生じると、何が起こるかはおわかりでしょう。陰と陽は、互いに引き合う。すると、それは中心軸の周りを回転し始めるのです。そのことによって、誕生したのが「宇摩志阿斯訶備比古遅神《うましあしかびひこじのかみ》」です。「うましあしかびひこじのかみ」と呼ばれるこの神は、「燃え上がる」ようにして生まれてきます。生命のエネルギーと躍動を彷彿させます。陰と陽の気が回転すれば、そこに生じるのは「渦巻き」です。大宇宙の銀河星雲から、極微の原子の世界まで、「渦巻き」は一貫して存在しています。

大宇宙では、銀河の渦巻きから星々が誕生し、極微の世界では、さまざまな元素、物質が生じてきます。DNAだって、螺旋構造――つまり「渦巻き」の姿をしているのです。実に、『古事記』は現代科学が考える宇宙そのものの世界を描いているともいえます。

そして、その「渦巻き」の上に天空が生じ、「渦巻き」の下には、地表や海が出現してきます。『古事記』では、その世界創造の姿を、「天之常立神《あめのとこたちのかみ》」と「国之常立神《くにのとこたちのかみ》」の出現によって表現するのです。天と地の誕生です。

さらに『古事記』は、「豊雲野神《とよくもぬのかみ》」まで登場させます。これは、実に、絵に描いたような姿です。

天と地の間に、海から昇った水蒸気が、どんどん雲を生じていく。まさに、大パノラマです。

巨大竜巻は、地球の上空に「天」ともいうべき大気圏をつくり、混沌としていた地表は大地と海に峻別され、そしてそこから生じる還流は多くの雲を生じ、雨を降らせ、地表に緑の野を生み出すというシナリオは、まるで見てきたかのような描写です。

しかし、人間がそんな世界創造の姿を肉眼で見ることができるわけがありません。その姿を見ていたのは、創造主以外に考えられません。『古事記』は、霊感によって「創造主が見た創造の御業」を、書き取ったものかもしれません。

「天之常立神」「国之常立神」「豊雲野神」に続いて出現するのは、陰陽のペアの神々です。それは、おそらく、男と女という性別を持つ人格神が現れる前の、大自然の陰陽の働きを表していると言ってもいいでしょう。自然界もプラスとマイナス、植物や魚、両生類や鳥や動物も、オスとメスの「むすび」の力によって、創造されてくるのです。

こうして自然環境が整った後に、明らかに人格を持つ男女ペアの神が誕生します。それが、伊邪那岐《いざなぎ》、伊邪那美《いざなみ》という二柱《ふたばしら》の神様です。

そして、この伊邪那岐と伊邪那美は、この後にさまざまな神々を生み、日本という国を誕生させるのです。

一週間が七日間なのも、神話に由来する

『古事記』に記された「天地創造」の神話は、聖書に描かれた「天地創造」の神話とも、よく似ています。

多くの人は、あまり意識もせず受けいれていますが、全世界は、聖書の『創世記』の神話によって動いているのです。

日本も含め、全世界で一週間は七日間とされています。どうしてでしょうか。

神が六日間で世界を創造され、七日目に安息日を取られたと、そう聖書に書かれているからです。

ヘブライ語で「シャバット」と呼ばれる「安息日」は、ユダヤ教では金曜日の日没から土曜日の日没までです。

聖書の『出エジプト記』の第二〇章には、モーセの「十戒」が登場します。そこには、次の神勅が記されているのです。

安息日を心に留め、これを聖別せよ。六日の間働いて、何であれあなたの仕事をし、七日目は、あなたの神、主の安息日であるから、いかなる仕事もしてはならない。あな

たも、息子も、娘も、男女の奴隷も、家畜も、あなたの町の門の中に寄留する人々も同様である。

六日の間に主は天と地と海とそこにあるすべてのものをつくり、七日目に休まれたから、主は安息日を祝福して聖別されたのである。

この安息日は、ユダヤ教徒にとって、最も大切な聖なる日でもあります。このため、戒律として、労働をすることは禁じられているのです。『出エジプト記』の第三五章には、次のように記されています。

モーセはイスラエルの人々の共同体全体を集めていった。

「これは主が行うよう命じられた言葉である。六日の間は仕事をすることができるが、第七日にはあなたたちにとって聖なる日であり、主の最も厳かな安息日である。その日に仕事をする者はすべて死刑に処せられる。安息日には、あなたたちの住まいのどこででも火をたいてはならない」

火を使えないので、イスラエルでは安息日の食事は、金曜日の日没までに準備します。ユダヤとアラブの共存を目指しているハイファなどの都市を除けば、バスや鉄道、航空便などの公共交通もすべてストップするのです。

イスラエル民族にとって安息日は、神が天地を創造したことに思いを馳せ、神がイスラエルの民を救ったこと、イスラエル民族が神の民であることを、自覚する日でもあります。このため、安息日にはシナゴーグに集い、神を礼拝するようになりました。

キリスト教では、キリストの復活した日や聖霊降臨《ペンテコステ》の日が、すべて「週の初めの日」だったことから、「主の日」あるいは「聖日」と呼んで礼拝を行っています。

イスラム教では、モハメットがメッカを脱出した金曜日を、安息日としています。イスラム教では礼拝は毎日のことなので、安息日は休日という捉え方になります。安息日に、「金曜礼拝」と呼ばれる集団礼拝も行われたりしています。

このように、ユダヤ、キリスト、イスラムと、異なった信仰により安息日の捉え方には違いがありますが、一週間が七日であることには変わりがありません。

日本では、週七日制は、明治六年から新暦で導入されたとされています。西暦七三〇年頃には、七曜が中国から入ってきて使われていましたが、あまり一般的ではありませんでした。七曜は、天文暦で太陽、月、星などの位置を示すもので、曜日の概念とは異なっていたようです。

いずれにしても、いま全世界が週七日制を使っていることは、間違いありません。その根拠は、諸説あったにしても、やはり神が、六日で天地創造を果たされ、七日目を安息日とされた、その神話に由来しているからに他なりません。

そうでなければ、一週間は七日でなくなることでしょう。

全世界は、神話によって、動いているのです。

五七七八年前、神はアダムとエヴァを創造された

日本の神話で、伊邪那岐と伊邪那美が誕生したのは、いつのことでしょうか。

この問いについて、明確に答えられる方は誰もいません。

では、アダムとエヴァが誕生したのは、いつのことでしょうか。

こちらは、極めて簡単です。

いまから五七七八年前のことです。

そう言うと、人類はもっと昔から地球上に誕生していたぞと、反論される方も多くいらっしゃいます。

このアダムとエヴァの誕生は、現在の人類の始まりとされているのです。

そのことは、ユダヤの密教ともいえる神秘思想『カバラ』に説かれています。

実は、アダムとエヴァの誕生以前にも三百以上の世界が存在していましたが、そうした世界は滅びたとされています。

カバラは、ヘブライ語で「伝承」（あるいは「受けいれ」）という意味です。もともとは、「口伝《くでん》」の律法を指して使われた言葉です。神から伝えられた知恵や師から弟子へと伝えられた神秘が、その内容です。伝説では、アブラハムが伝授された「天界の秘密」であるともされています。モーセが聖書で伝えきれなかった内容を口伝として後世に伝えたものだとも言われています。

聖書によれば、神はアダムをエデンの園に住まわせ、そこにいる生き物に名前をつけ、管理をさせました。

幸福な世界でしたが、アダムには助け合えるような相手がいませんでした。そこで神は、アダムを眠らせ、そのあばら骨からエヴァをつくり出します。そうしてアダムとエヴァの二人はエデンの園で楽しく暮らし、神のお示しに従っていました。

そんなある日、蛇がエヴァに近づいて話しかけます。

「園のどの木からも食べてはいけない、などと神は言われたのか」

そこでエヴァは、こう答えます。

「園の中央に生えている木の果実だけは、食べてはいけない。触れてもいけない。死んではいけないから、と神様はおっしゃいました」

するとと蛇は、こう言うのです。

「決して死ぬことはない。それを食べると、目が開け、神のように善悪を知るものとなることを神はご存知なのだ」

こう蛇に誘惑されて、エヴァは「禁断の果実」である善悪の知恵の木の実をかじってしまうのです。あまりの美味しさに、エヴァはアダムにも食べるよう勧め、二人は人類最初の罪を犯してしまいます。

ユダヤ教にも神道にもない「原罪」という概念

よくキリスト教徒の間では、「原罪」ということが言われますが、ユダヤ教にはそうした概念はありません。

「原罪」の概念は、原始キリスト教にもなく、パウロによって初めて語られたもので、その後、布教に効果があるために使われるようになったのです。

アダムとエヴァが罪を犯したことによって、その後の人間はすべて「生まれながらにして、原罪を持つ」というのが、「原罪」の解釈です。

イエス・キリストが十字架にかけられたことが、イエスが罪を贖ったことになり、イエスを救世主と信じる者は、原罪の罰を受けないとするのがキリスト教です。

しかし、神もイエス・キリスト本人も、そのようなことは言っていません。

イエスが誕生する以前から存在したユダヤ教は、パウロ以降の「原罪」という概念を持っていないのは当然のことです。

罪を犯したアダムとエヴァには、その時点で神が罰を科されました。その罰とは、男は労働をすること、そして女は出産の苦しみを味わうことでした。さらに神は、老いることと死ぬことを人間の宿命としたのです。

このように神は、神との約束を破った者に対しては、厳格な裁きを行うのです。

この罪と裁きについては、「原罪」という解釈よりも大切なことが秘められています。

神は、善悪を知る知恵の木の実だけは食べるのも触れるのも禁じましたが、結果、エヴァは神の意向に逆らって、知恵の木の実を食べることができたという事実は、エヴァに自由意志が与えられていたことを象徴しています。

ここで問題となるのは、まず蛇は、神の定めを破るようエヴァを誘惑したことです。そしてエヴァは、その誘惑に負けて、神の定めに反してしまったこと、さらにアダムを誘惑したことです。アダムもまた、そのエヴァの誘惑に従って、神の掟を破ってしまいました。

神に定められた秩序を崩壊させてしまった罪は、決して見逃せるものではありません。

その上、「食べてはいけないと言った木の実をなぜ食べたのだ」と神が問い質すと、アダムもエヴァも責任転換をするのです。

アダムは、こう言い逃れをします。

「あなたが私と共にいるようにしてくださった女が、木から取って与えたので、食べました」

これでは、エヴァはおろか神にさえも責任があるような言い方です。

エヴァの言い逃れ方は、こうでした。

「蛇がだましたので、食べてしまいました」

自由意志には、責任が伴います。自己責任です。蛇もエヴァに強制したわけではありません。すべて、自らの意志によって犯した罪であり、そこには罰が伴うのだというのが、神の摂理、秩序なのです。

神は、時に厳しい裁きを下します。

しかし、それは神の摂理と秩序を保つために必要なことなのです。

この場合は、エデンの園で「永遠の命」を持っていた者が、「永遠の命」を失い、老いと死とを運命として持つようになってしまったということでもあります。

「ノアの箱舟」「バベルの塔」「ソドムとゴモラ」も秩序のため

「ノアの箱舟」「バベルの塔」「ソドムとゴモラ」など、聖書に書き残された出来事は、神の大義が、どこにあるのかを明確に示しています。

神は「生めよ、増やせよ、地に満ちよ」と命じ、アダムの子孫はどんどん増えてゆきましたが、次第に地上は欲望に満ち、憎しみ争い合うようになり、悪が蔓延し、堕落が始まったのです。

そこで神は、神に従う無垢な人だったノアとその家族だけを残し、地上に大洪水を起こします。聖書を読んでみましょう。

神はノアに言われた。

「すべて肉なるものを終わらせる時が私の前に来ている。彼らのゆえに不法が地に満ちている。見よ、私は地もろとも彼らを滅ぼす。

あなたはゴフェルの木の箱舟をつくりなさい。箱舟には小部屋を幾つもつくり、内側にも外側にもタールを塗りなさい。

箱舟の長さを三〇〇アンマ、幅を五五アンマ、高さを三〇アンマにし、箱舟に明かり取りをつくり、上から一アンマにしてそれを仕上げなさい。箱舟の側面には戸口をつくりなさい。また、一階と二階と三階をつくりなさい」

そして神はノアと契約をし、ノアは「すべての肉なるものから、雄と雌のつがいで生き延びるように」箱舟に入れることになるのです。

ノアの箱舟は、メートルに換算すると長さ一三五メートル、幅二三メートル、高さ一四メートルという巨大さでした。

それは一階を三メートルで計算すると、四五階建てのビルを横にしたようなものです。

箱舟が完成すると、どこからともなく動物たちが集まり、そのつがいの動物たちを箱舟に入れ、最後に乗り込んだノアが入口の戸を閉ざすと、大雨が降り出し、四〇日と四〇夜の間降り続いて大洪水が起こり、すべてのものを水没させてしまうのです。

一五〇日経って水が引き始めると、箱舟はアララト山の頂上に漂着するのでした。

「バベルの塔」の場合も、人間が神の摂理を犯すようなことをしたために、神は人類に罰を与えたのでした。バベルの塔の教訓についても、少し語っておきましょう。

ノアの子孫は、東メソポタミア地方のシンアルという平地に住むようになります。しかし、人々はやがて自分たちの力を誇示しようと、町に天まで届くような塔を建て、有名になろうとするのです。

神は天も地も、すべてのものを創造された主です。その摂理、その秩序と義を、人々は傲慢にも破ろうとしました。聖書には、こう書かれています。

主は降ってきて、人の子らが建てた、塔のある町を見て、言われた。「彼らは一つの民で、皆一つの言葉を話しているから、このようなことをし始めたのだ。これでは、彼らが何を企てても、妨げることはできない。我々は降って行って、直ちに彼らの言葉を混乱させ、互いの言葉を聞き分けられぬようにしてしまおう」主は彼らをそこから全地に散らされたので、彼らはこの町の建設をやめた。こういうわけで、この町の名はバベルと呼ばれた。主がそこで全地の言葉を混乱《バラル》させ、また、主がそこから彼らを全地に散らされたからである。

この場合の摂理とは、「人間が神を超えることなどできない。人間がそう考えるのは驕りであり、不遜である」ということです。塔を建てることが問題なのではありません。二一世紀のいまも、天に届くような塔を、人類は現実に建てられていません。神に近づくということを、心得違いしているのです。

温情の神は、裁きを好まない

「ソドムとゴモラ」に神から下された裁きも、人々が神の摂理を顧みなかったことに原因があります。

しかし優しい温情に溢れる神は、何度かアブラハムの願いを聞いて、「執《と》り成《な》し」を行うのです。

アブラハムが、「あの町に五〇人の正しい者がいても町をお赦しにならないのですか」と尋ねると、神は、「もしソドムの町に正しい者が五〇人いるならば、その者たちのために、町全部を赦そう」と言います。

するとアブラハムは、「五〇人の正しい者に五人足りなかったために、町のすべてを滅ぼされますか」と、食い下がります。

神は、「もし、四五人いれば滅ぼさない」と答えます。

するとアブラハムは、「もしかすると、四〇人しかいないかもしれません」と、執拗です。私だったら、怒り出すでしょう。しかし、優しい神は、「その四〇人のために、私はそれをしない」と言うのです。なんと慈悲深いことでしょう。

しかしアブラハムは、引き下がりません。

「もう少しいわせてください。もしかすると、そこには三〇人しかいないかもしれません」

神は、答えます。

「もし三〇人いるなら、私はそれをしない」

アブラハムは、さらに交渉を続けるのです。

「二〇人しかいないかもしれません」

神は、言われました。

「その二〇人のために、私は滅ぼさない」

アブラハムは、ダメ押しで言うのです。

「主よ、どうかお怒りにならずに、もう一度だけ言わせてください。もしかすると、一〇人しかいないかもしれません」

神は、言われました。

「その一〇人のために、私は滅ぼさない」

そして神は、去って行かれるのです。なんと慈悲深い神の温情であることでしょうか。

アブラハムの甥のロトは、ソドムの町に住んでいました。御使《みつか》い（天使）が現れ、ロトに告げます。

「さあ早く、あなたの妻とここにいる二人の娘を連れて行きなさい。さもないと、この町に下る罰の巻き添えになって滅ぼされてしまう」

神は憐れんで、御使いにロトと妻と二人の娘の手を取らせ、町の外れに連れ出しました。そして神は言うのです。

「命がけで逃れよ。後ろを振り返ってはいけない」

するとロトらは、「山まで逃げ延びられない。先に見える小さな町（ツォアル）で、命を救ってほしい」と懇願するのです。神は、こう言います。

「よろしい。あなたの願いを聞き届け、あなたがあの町に着くまでは、私は何も行わない」

地上に太陽が昇った時、ロトたちはツォアルに着きました。聖書には、こう書かれています。


主はソドムとゴモラの上に天から、主のもとから硫黄の火を降らせ、これらの町と低地帯を、町の全住民、地の草木もろとも滅ぼした。ロトの妻は後ろを振り向いたので、塩の柱になった。


聖書の神は、まるで破壊の神、怒りの神であるかのように思われていますが、このように、人情味の溢れる温情の神なのです。

しかし神は、神の摂理、秩序を保たなければなりません。人々が欲望と悪徳に溺れ、世界が不浄に覆われると、神は、大いなる禊《みそぎ》を行わなければならないのです。

神による禊は、清らかな世界をもたらす

「ノアの箱舟」も、「バベルの塔」も、「ソドムとゴモラ」も、神による禊と考えることができます。あるいは、天による禊と思ってもよいでしょう。

神も、なにも破壊や殺戮で快感を得ているわけではありません。神も、そんなことはしたくないのです。しかし、この世が穢《けが》れてしまうことを、神は傍観していることはできないのです。

日本の神話でも、神道の祭祀でも、最も大切なことは、禊祓いです。穢れを洗い流し、吹き払うことなのです。

実は、自然界もそういう自浄作用を持っています。マグマでも、断層やプレートでも、圧力が高まれば、地震が起こります。

高気圧と低気圧の差を執り成そうと、風が巻き起こる。温度差もそうです。

そういう調整機能は、大自然に備わっています。人類が欲望のあまり、自然を破壊すれば、どこかで「禊祓い」が起こるのではないでしょうか。それを、自然の浄化作用と考える人もいるでしょう。私は、そこに全世界を創造した神の意志を、いつも感じるのです。

聖書の『民数記』第一九章には、「清めの水」の教えがあります。神がモーセとアロンに仰せになった教えです。

神は、まず無傷の赤毛の雌牛を、祭祀に屠った後に焼くように命じます。そして儀式の後に、神はこう教え諭すのです。


「祭祀は自分の衣服を洗い、体に水を浴びた後、宿営に入ることができる。しかし、祭祀は夕方まで汚れている。……それから、身の清い人が雌牛の灰を集め、宿営の外の清いところに置く。それは、イスラエルの人々の共同体のために罪を清める水をつくるために保存される。……これは、イスラエルの人々にとっても、彼らのもとに居留する者にとっても不変の定めである」

「どのような人の死体であれ、それに触れた者は七日の間汚れる。彼が三日目と七日目に罪を清める水で身を清めるならば、清くなる。……すべて死者の体に触れて身を清めない者は、主の幕屋《まくや》を汚す。その者はイスラエルから断たれる。清めの水が彼の上に振りかけられないので、彼は汚れており、汚れがなお、その身のうちにとどまっているからである」

神道の祓詞も、禊という清めの儀式を伝えています。

掛けまくも畏《かしこ》き　伊邪那岐大神　筑紫《ちくし》の日向の橘の小戸《をど》の阿波岐原《あはぎはら》に　禊《みそ》ぎ祓《はら》へ給ひし時に　生《な》り坐《ま》せる祓戸《はらへど》の大神等　諸々の禍事《まがごと》・罪・穢《けがれ》　有らむをば　祓へ給ひ清め給へと　白《まを》すことを聞こし召せと　恐《かしこ》み恐みも白す

この祝詞は、『古事記』の中に記されている、黄泉の国から戻った伊邪那岐が禊をする神話をもとにしています。

神道の神社に行くと、神職がまず祝詞《のりと》をあげ、お祓いをしてくださいます。これも、罪穢れを祓い清める、『古事記』に由来するご神事なのです。

神と相撲を取って勝ったヤコブ

日本では、相撲が国技です。そして、横綱は、神の「ひもろぎ」でもあるのです。

「ひもろぎ」は、漢字で「神籬」と書きます。神社や神棚以外の場所で祭祀を行う時に、神を迎える依《よ》り代《しろ》となるもののことをいうそうです。

では、依り代とは、何でしょうか。

依り代は、神霊が依り憑く対象物で、ご神体やご神域を示すこともあるようです。

神社や神域を訪れると、ご神木には注連縄《しめなわ》が結ばれています。神が降臨したり、臨在したりする神聖なものに、注連縄が結ばれるのです。

相撲の横綱も、同様です。

日本の国技の相撲は、ご神事でもあります。その相撲で優勝した者は、神聖な勝利者として祝福されます。綱を締めるのは、神の「ひもろぎ」だからです。

注連縄で依り代であることが示された神木
Photo by (c)Tomo.Yun（http://www.yunphoto.net）

さてそれでは、神の「ひもろぎ」、神の依り代に結ばれる注連縄とは、どのようなもので、どのような意味があるのでしょうか。

日本の神話では、天照大神が天岩戸からお出ましになられた折に、太玉命《ふとだまのみこと》が注連縄で戸を塞ぎ、天照大神が二度と天岩戸に入れないようにしたのが起源です。

いまの神社神道の教義によれば、お社や神域と、現世を隔てる結界の役割をするのが注連縄であるとされています。その結界が張られた中を、神が宿る神域としたり、禍を祓うものとしているのです。

一方で、古神道の教えでは、神域である「常世《とこよ》」と、現実社会の「現世《うつしよ》」の二つの世界の端境で、神聖なる神域を結界し、時には「禁足地」として神聖なものを護るのが、注連縄でもあると捉えています。

つまり、相撲の横綱は、人間ではない、神として位置づけられているのです。注連縄によって、人間の俗世から隔離され、神聖なるものとして畏怖され、拝まれ、崇敬されるべき日本の神人なのです。相撲の横綱は、そういう特別な存在であると位置づけられているのです。

イスラエル民族にとって、そうした横綱の存在は、とても身近に感じるものがあります。

イスラエル民族の祖は、ヤコブです。ヤコブは、アブラハムの息子・イサクの双子の息子の弟のほうですが、神と「相撲《レスリング》」をして勝ったために、神より「イスラエル」と名乗るように命じられたという由来があります。

そして、このヤコブこそが、「イスラエルの一二部族」の父親となるのです。

日本の神話と似ている聖書の神話

ユダヤと日本の比較研究で高名なラビのマーヴィン・トケイヤー氏は、実は私の親族でもあります。

トケイヤーは、彼の著書『聖書に隠された日本・ユダヤ封印の古代史』の中で、日本の神話と聖書の記述には、「興味深い類似性」が存在していると述べています。

例えば、日本の「天孫降臨」の神話で、邇邇芸命は、降臨すると美しい姫神の木花咲耶姫《このはなさくやひめ》に出会い、一目ぼれをしたと書かれています。

ところが木花咲耶姫の父神である大山津見神《おおやまつみのかみ》は、木花咲耶姫の姉の石長比売《いわながひめ》も一緒に娶《めと》ってほしいと訴えます。しかし姉神は醜かったので、邇邇芸命は石長比売を大山津見神に返してしまうのです。

実はこの邇邇芸命の神話は、聖書に記されたヤコブの神話にそっくりなのです。

ヤコブは、美女ラケルに恋をして、彼女を妻にしようとします。

ところが、彼女の父・ラバンは、「七年間無償で働いたら結婚を許そう」と約束します。そして七年が経ち、結婚の祝宴が開かれますが、なんとその夜ヤコブの寝室に入ってきたのはラケルではなく、姉のレアでした。

ラバンは、「この土地には姉から先に嫁ぐ習慣がある」と言って、姉も妻にするように勧めるのです。しかし、姉のレアは、妹のラケルのように美しくなかったので、ヤコブはこの姉を嫌うのでした。

さらに邇邇芸命は、妻の木花咲耶姫との間に山幸彦こと火遠理命《ほおりのみこと》を生みます。しかし、火遠理命は、兄である海幸彦こと火照命《ほでりのみこと》にいじめられ、海神・綿津見神《わだつみのかみ》の国に行きます。そこで火遠理命は神秘的な力を獲得し、田畑を凶作にして兄を悩ませますが、その後に兄を赦します。

一方で聖書の中でヤコブは、妻ラケルとの間にヨセフを生みますが、ヨセフは兄たちにいじめられるのです。しかし、エジプトに行く運命に導かれたヨセフは、エジプトの地で宰相の地位にまで上りつめます。

そして兄たちが凶作に苦しんでエジプトにやってきた時に、ヨセフは兄たちを助け、赦すのです。

日本神話の山幸彦こと火遠理命と、聖書のヨセフの間には、明らかに対応関係があるように思われます。

そして、火遠理命は、海神・綿津見神の娘の豊玉毘売《とよたまひめ》を娶って、鵜草葺不合命《うがやふきあえずのみこと》を生みます。

そして鵜草葺不合命の四柱の男神のうち、二番目と三番目の神は別のところに行き、四番目の弟神である神倭伊波礼毘古命《かむやまといわれびこのみこと》が天皇として即位し、大和の国を平定します。この神倭伊波礼毘古命こそ、日本の初代人皇・神武天皇なのです。

そして聖書では、ヨセフがエジプトの祭司の娘を娶り、マナセとエフライムを生みます。

エフライムには、四人の息子が生まれましたが、二番目と三番目の子は早死にし、四番目の

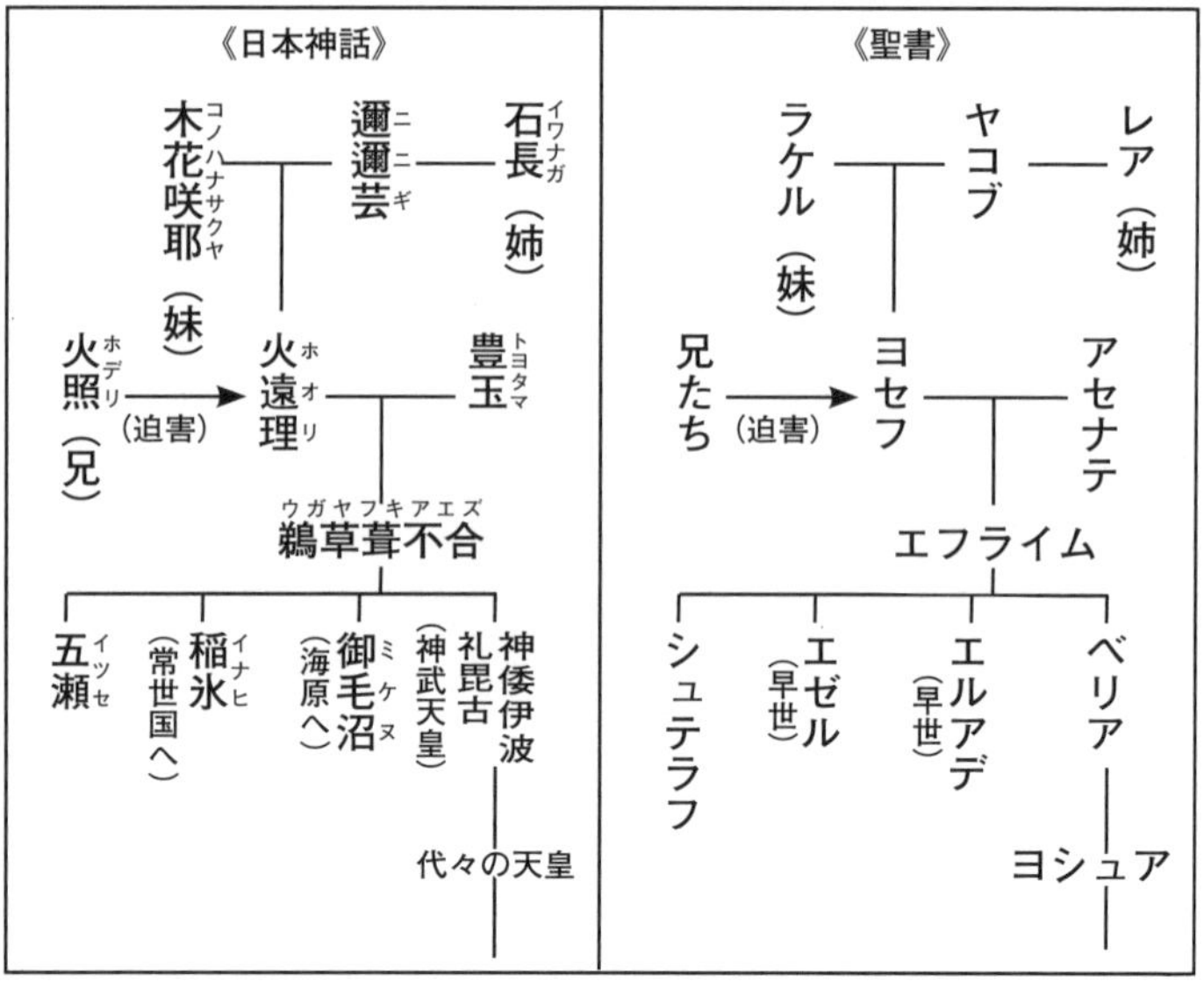

子孫としてヨシュアが生まれるのです。このヨシュアがイスラエル民族を率いてカナンの地を征服するのです。そしてこのエフライム族の流れを汲んでいるのが、イスラエル一〇部族の王族なのです。

第二章　神話という「民族の叙事詩」

モーセの誕生と「出エジプト」の神勅

イスラエル民族にとって、「カナン」の地がどれほどに大切なものかを理解するために、もう少し聖書の神話を続けましょう。

エジプトの宰相となったヨセフは、かつて自分を殺害しようとも試みた非道な兄たちに、自分が実は弟のヨセフであることを告白します。そして、ヤコブ一家にエジプトに移り住むことを勧めたのでした。

天地創造の神話『創世記』は、ここで終わります。そしてモーセ五書の第二の書『出エジプト記』が始まるのです。数百年の時が流れ、神話は紀元前一三世紀頃、ラムセス二世（紀元前一二九〇年頃〜一二二四年頃）の時代に、イスラエル民族がエジプトで奴隷として迫害されるところから始まります。

イスラエル民族は、エジプトでどんどん増え続け、エジプト人の脅威となりました。ファラオは、イスラエル民族を奴隷の身分とし、厳しい労働を課しました。それでもイスラエル民族は、増えてゆきます。

そこでファラオは、イスラエル民族の新生男児は、すべてナイル川に投げ捨てるよう勧告したのです。

そんな時に生まれたのが、モーセでした。

両親は、モーセを生後三カ月までは育てましたが、勧告に抗せず、防水処理をしたパピルスの籠にモーセを入れ、ナイル川の岸辺の葦の中に置き去るのです。

すると偶然にも、水浴に来ていたファラオの王女に発見され、王室で大切に育てられることになりました。

そして成長したモーセは、ある日、強制労働の現場でエジプト人監督が、同胞であるイスラエル民族を虐待するのを目にし、怒りのあまりそのエジプト人監督を殺してしまうのです。

このことはファラオの知るところともなり、モーセを死刑にしようと捜し始めます。そこでモーセはエジプトを出て、ミディアン地方に逃れ、そこで祭司レウエルの娘ツィポラを羊飼いの男たちから救ったことで、その娘と結婚し、羊飼いとして暮らし始めるのでした。

労働に呻《うめ》くイスラエル民族の嘆きの声は、神にアブラハム、イサク、ヤコブとの契約を思い起こさせました。

ある日、モーセは羊の群れを荒れ野の奥へと追って、神の山ホレブに辿り着くのです。すると柴の間が燃え、炎の中に御使いが現れました。柴は燃えているのに、摩訶不思議にも燃え尽きません。近くでよく見ようとした時です。神が「モーセよ、モーセよ」と声をかけられたのです。そして神は、言われました。


「私はある。私はあるという者だ」

「イスラエルの人々にこういうがよい。『私はある』という方が私をあなたたちに遣わせたのだと。これこそ、とこしえに私の名。これこそ、世々に私の呼び名」

(『出エジプト記』第三章一四〜一五節)


このように神勅があって、モーセの「出エジプト」の民族大叙事詩が始まるのです。

モーセは、神によってレビ人の兄弟アロンと引き合わされます。ファラオを説得などできないと「出エジプト」の使命を受けることを必死で辞退しようとするモーセに、神は、雄弁なアロンと共にファラオと交渉するように仕向けます。しかし、ファラオは当然に拒絶し、こう言いました。

「主とは一体何者なのか。どうして、その言うことを私が聞いて、イスラエルを去らせねばならないのか。私は主など知らないし、イスラエルは去らせはしない」

ファラオは、イスラエル人に対し、さらに厳しい苦役を課したので、モーセは、神に、こう愚痴を言うのです。

「私があなたの御名によって語るため、ファラオのもとに行ってから、彼はますますこの民を苦しめています。それなのに、あなたは御自分の民をまったく救い出そうとされません」

これに対して、神はモーセにこう告げるのです。

「見よ、私は、あなたをファラオに対しては神の代わりとし、あなたの兄アロンはあなたの預言者となる。私が命じるすべてのことをあなたが語れば、あなたの兄アロンが、イスラエルの人々を国から去らせるよう、ファラオに語るであろう。しかし、私はファラオの心を頑なにするので、私がエジプトの国でしるしや奇跡を繰り返したとしても、ファラオはあなたたちの言うことを聞かない。私はエジプトに手を下し、大いなる審判によって、私の部隊、私の民イスラエルの人々をエジプトの国から導き出す。私がエジプトに対して手を伸ばし、イスラエルの人々をその中から導き出す時、エジプト人は、私が主であることを知るようになる」

モーセとアロンは、主が命じられたとおりに行った。ファラオに語った時、モーセは八〇歳、アロンは八三歳であった。

（『出エジプト記』第七章一～七節）

二一世紀のいまでさえも、八〇代はかなりの高齢です。その老人兄弟が、六〇万人というイスラエルの人々を率いて、エジプトを脱出させよと、そう神は命じるのですから、狂気の沙汰と言っても過言ではありません。

しかし、神はモーセとアロンに、次々と奇跡を起こさせるのです。

神が次々と起こした奇跡

第一の奇跡は「アロンの杖」です。ファラオは、神のお告げなら奇跡を行ってみせろと要求します。

神は、ファラオがそう言ってくることを、事前にモーセとアロンに告げていました。神は、ファラオの前にアロンが杖を投げると、それは蛇になると、そう予告したのです。

アロンが、神の命じたように杖を投げると、それは蛇に姿を変えたのです。

ところが、ファラオは納得しませんでした。というのも、ファラオが呼び出したエジプトの魔術師も、秘術を使って同じことをしてみせたからです。

ファラオの心は頑なになり、モーセたちの言うことを信じませんでした。

第二の奇跡は、「血の災い」です。神の命じられた通りに、モーセはアロンに、杖を振り上げファラオとその家臣の前で、ナイル川の水を打つように言いました。

すると、「川の水はことごとく血に変わり、川の魚は死に、川は悪臭を放って、エジプト人は川の水を飲めなくなった」のです。エジプトの国中が、血に浸ってしまいました。

しかし、エジプトの魔術師も、秘術によって同じことを起こしたので、ファラオは二人の言うことを聞きませんでした。

第三は、「蛙の災い」です。神に命じられたように、モーセはアロンに杖を取って河川、水路、池の上に手を伸ばすよう告げました。すると、蛙が這い上がってきたのです。蛙は、王宮を襲い、寝室に侵入し、寝台に上り、家臣や民の家にまで侵入し、かまどやこね鉢にも入り込みました。

ファラオはモーセとアロンを呼びました。神に祈って蛙が退くようにしてくれれば、イスラエルの民を解放し神に犠牲を捧げると、そう約束します。

ファラオの訴えをモーセは神に告げ、神は願いを聞き届けるのです。しかし、一件落着すると、ファラオはモーセたちの願いを聞きいれなかったのです。

第四は「ブヨの災い」、そして第五が「アブの災い」でした。

ブヨに襲われ、さらにアブに襲われましたが、ファラオは「この国の中で、神に犠牲をささげるがよい」と、頑なです。

そこで第六の「疫病の災い」が起こるのです。恐ろしい疫病が馬、ろば、らくだ、牛、羊などの家畜に感染しましたが、イスラエルの家畜は一頭たりとも死ぬことはなかったのです。それでも、ファラオはイスラエルの民を去らせようとはしませんでした。

第七は、「腫れ物の災い」でした。神は、「かまどのすすを両手にいっぱい取って、ファラオの前で天に向かってまき散らすがよい。それはエジプトの全土を覆う細かい塵となって、エジプトの全土の人と家畜に降りかかり、膿の出る腫れ物となるであろう」と、言われました。

それは現実となり、魔術師も腫れ物のためにモーセの前に立てず、またすべてのエジプト人に腫れ物が生じました。それでも、ファラオはモーセとアロンの言うことを聞かなかったのです。

第八は、「雹《ひょう》の災い」です。神は、エジプト始まって以来、かつてなかったほど激しい稲妻を走らせ、雹を降らせたのです。雹はエジプト全土で、野にいる人も家畜も、草も木も打ち砕きましたが、イスラエルの人々の上には降りませんでした。

ファラオは、モーセとアロンを呼び、こう言いました。

「今度ばかりは私が間違っていた。正しいのは神であり、悪いのは私と私の民である。神に祈願してくれ。恐ろしい雷と雹はもうたくさんだ。あなたたちを去らせよう。これ以上ここに留まることはない」

モーセは「町を出たら、さっそく両手を広げて神に祈りましょう」と言い、そうしました。すると雷も雹も雨も、たちどころにやみました。

ところが、それを見て安心したファラオは、またもや約束を破ってイスラエルの人々を去らせなかったのです。

ファラオは、モーセという男との約束など破っても意に介さなかったのです。しかし、それは神との契約を破る行為でした。そして、端から、神はファラオがどのような態度に出るかまでわかっていたのです。

いや、神ご自身が、その力によってファラオにそのような態度を取らせたのでした。

第九は「いなごの災い」です。神は、「手をエジプトの地に差し伸べ、いなごを呼び寄せなさい」とモーセに命じました。

すると、いなごが地面をすべて覆ったので、地は暗くなりました。

ファラオはモーセとアロンを呼んで、「もう一度だけ過ちを赦して、あなたたちの神に祈願してもらいたい。こんな死に方だけはしないで済むように」と、懇願します。

モーセが神に祈願すると、強い西風が吹いていなごを吹き飛ばし葦の海に追いやったので、エジプトの領土全体にいなごは一匹もいなくなりました。それでも、ファラオはイスラエルの人々を去らせませんでした。

一〇番目は「暗闇の災い」です。モーセが天に向かって手を差し伸べると、三日間エジプト全土を暗闇が覆い、エジプトの人々は互いに見ることも、自分のいる場所から立ち上がることもできなくなりましたが、イスラエルの人々が住んでいるところだけには、光がありました。

ファラオは「羊と牛を残し、妻子は連れて行ってもよい」と応じましたが、モーセはファラオに、「あなた御自身からも、いけにえと焼き尽くす捧げ物をいただき、神にささげたい」「我々の家畜もひづめ一つ残さないでしょう」と答えます。このためファラオは、また心を頑なにし、「下がれ。二度と私の前に姿を現すな。今度会ったら、生かしてはおかない」と、モーセに言い放ちました。

民族の叙事詩としての『出エジプト記』

神は、ついに、「最後の災い」をファラオとエジプトに下すことをモーセに告げます。

「真夜中ごろ、私はエジプトの中を進む。その時、エジプトの国中の初子は皆、死ぬ。王座に座しているファラオの初子から、石臼をひく女奴隷の初子まで。家畜の初子もすべて死ぬ。大いなる叫びがエジプト全土に起こる」

モーセとアロンは一〇の奇跡（災い）を起こしましたが、神がファラオの心をあえて頑なにさせたため、ファラオはイスラエルの人々を国から去らせなかったのです。それは、大いなる神の奇跡の地ならしのようなものでした。

そして神は、モーセとアロンに、神の「過ぎ越し」について告げるのでした。それを聞いたモーセは、イスラエルの長老をすべて呼び集めて、こう命じました。

「さあ、家族ごとに羊を獲り、過ぎ越しの犠牲を屠りなさい。そして、一束のヒソプ（訳注：常緑樹の一種）を取り、鉢の中の血に浸し、鴨居と入口の二本の柱に鉢の中の血を塗りなさい。翌朝まで、だれも家の入口から出てはならない。主がエジプト人を撃つために巡る時、鴨居と二本の柱に塗られた血を御覧になって、その入り口を過ぎ越される。滅ぼす者が家に入って、あなたたちを撃つことがないためである。

あなたたちはこのことを、あなたと子孫のための定めとして、永遠に守らなければならない。また、主が約束されたとおりあなたたちに与える土地に入った時、この儀式を守らなければならない。また、あなたたちの子供が、『この儀式にはどういう意味があるのですか』と尋ねる時は、こう答えなさい。『これが主の過ぎ越しの犠牲である。主がエジプト人を撃たれた時、エジプトにいたイスラエルの人々の家を過ぎ越し、我々の家を救われたのである』と」

こうして六〇万余のイスラエルの人々が、神の導きによって、エジプトを脱出したのでした。神は、イスラエルの人々に先立って荒れ野を進み、昼は雲の柱、夜は日の柱が民の先頭にありました。

イスラエルの民が、エジプトを去ったとの報告を受けたファラオは、彼らを解放したことを後悔し、六百の戦車を馬に繋ぎ、自ら軍勢を率いて彼らの後を追い、ついにバアル・ツェフォンの前の海辺に宿営しているイスラエルの人々に追いついたのです。

追っ手が背後に迫ったことを知ったイスラエルの人々は、「我々を連れ出したのは、エジプトに墓がないからですか。荒れ野で死なせるためですか。一体、何をするためにエジプトから導き出したのですか。我々はエジプトで『ほうっておいてください。自分たちはエジプト人に仕えます。荒れ野で死ぬよりエジプト人に仕えるほうがましです』と言ったではありませんか」とモーセを糾弾します。

民衆の気持ちというのは、いつの時代、どこの場所でも、こういうものなのでしょう。神と民衆と追手の大軍との間に立ち、さらに前方は海に遮られ、ある意味「四面楚歌」のモーセは窮地に立たされました。

それでも、モーセは、こう言って民衆を説得しようとするのです。

「恐れてはならない。落ち着いて、今日、あなたたちのために行われる主の救いを見なさい。あなたたちは、今日、エジプト人を見ているが、もう二度と永久に彼らを見ることはない。主があなたたちのために戦われる。あなたたちは静かにしていなさい」

これはモーセが民衆を説得をしようとして言ったことで、神の言葉の裏づけがあって言葉にしたわけではありません。モーセすら本当にそう思って言葉にしていたかは不明です。むしろモーセは、窮地を感じて、神に対し、救ってほしいと絶叫していたのでしょう。そんなモーセに、神はこう言われました。

「なぜ私に向かって叫ぶのか。イスラエルの人々に命じて出発させなさい。杖を高く上げ、手を海に向かって差し伸べて、海を二つに分けなさい。そうすれば、イスラエルの民は海の中の乾いたところを通ることができる。しかし、私はエジプト人の心を頑なにするから、彼らはお前たちの後を追ってくる。その時、私はファラオとその全軍、戦車と騎兵を破って栄光を現す。その時、エジプト人は、私が主であることを知るようになる」


聖書で「葦の海の奇跡」と呼ばれる神の御業です。

イスラエルの人々を導いていた御使いでもある雲の柱は、後ろに移動し、エジプト陣営とイスラエル陣営の間に入りました。その夜、両軍は夜通し睨み合いを続け、動きませんでした。

夜もすがら、モーセは、手を海に向かって差し伸べました。すると、激しい東風が吹き続けて、海を押し返し、乾いた地が現れ、水が二つに分かれたのです。

イスラエルの人々は、右と左で壁のようになっている海の中の乾いた道を進んでゆきました。するとエジプト軍の戦車、騎兵、兵士たちも、そのあとを追ってきました。

しかし、神は、そのエジプト軍をかき乱し、戦車の車輪をはずして進めないようにしたのです。エジプト兵たちは「イスラエルの前から退却しよう。主が彼らのためにエジプトと戦っておられる」と、声を上げました。

その時、神は「海に向かって手を差し伸べなさい。水がエジプト軍の上に、戦車、騎兵の上に流れるであろう」とモーセに言われました。

神の言葉の通りに、モーセが手を海に向かって差し伸べると、夜が明ける前に、海がもとの場所へ流れ還ってきたのです。

エジプト軍は、襲ってきた海の水から逃れようと必死になりますが、神は、彼らを海の中に投げ込み、戦車も騎兵隊も兵士もエジプトの全軍が海に呑み込まれ、一人も助かることはなかったのです。

この日、神は、イスラエルをエジプトから救われたのです。イスラエル人は、エジプトの全軍が海辺で死に絶えているのを目にしました。神がエジプト人に対して行われた大いなる御業を見たのでした。イスラエルの人々は神を畏れ、神とその僕《しもべ》のモーセを信じるようになったのです。

人々は、次のような歌を歌って、神を賛美したのでした。

主に向かって私は歌おう。
主は大いなる威光を現し、
馬と乗り手を海に投げ込まれた。
主は私の力、私の歌。
主が私の救いとなってくださった。
この方こそ私の神。
私は彼を讃える。
私の父の神、私は彼を崇める。

こうしてモーセは、葦の海から人々を旅立たせ、荒れ野を進むのですが、その旅路は決して楽なものではありませんでした。

神がモーセに与えた「十戒」の契約

まず大きな問題となったのは、荒野を行くのに水がなかったことでした。やっとマラという地で水を発見しましたが、その水は、苦くて飲めなかったのです。人々は、「何を飲んだらいいのだ」と、モーセに不平不満を言います。

そこでモーセは、またまた神に向かって叫ぶのです。すると、神は、一本の木を示されるのでした。その木を水に入れると、水はなんと甘くなったのです。

それでも、荒れ野を旅する民衆は、「我々はエジプトの国で、主の手にかかって、死んだ方がましだった。あの時は肉のたくさん入った鍋の前に座り、パンを腹いっぱい食べられたのに。あなたたちは我々をこの荒れ野に連れ出し、この全会衆を飢え死にさせようとしている」と不満を口にするようになります。

するとと神は、こう言われたのです。

「見よ、私はあなたたちのために、天からパンを降らせる。民は出て行って、毎日必要な分だけ集める。私は、彼らが私の指示どおりにするかどうかを試す。ただし、六日目に家に持ち帰ったものを整えれば、毎日集める分の二倍になっている」

夕方になると、うずらが飛んできました。そして朝には、宿営の周りに露が降り、露が蒸発すると、薄くてこわれやすいものが、大地を覆っていました。

イスラエルの人々は、何だろうと訝《いぶか》しがったのですが、モーセは、「これこそが、主があなたがたに食物としてあたえられたパンである」と喝破したのです。

このパンはマナと呼ばれ、イスラエルの人々は、カナンの地に辿り着くまで、このマナを食べていたのです。

それでも荒地を進めば、また、民衆から愚痴が出てきます。「なぜ我々をエジプトから連れ出したのだ。私も子供も、家畜までも渇き殺すためなのか」と、怒るのでした。

そこで神は、モーセに「ナイル川を打った杖で岩を打て。そこから水が出て、民は水を飲むことができる」と、仰せられました。

モーセがその通りにすると、水が出たのです。

旅の途中、シナイ半島南部のレフィディムという地では、イスラエルの敵であるアマレク人がいきなり襲ってきたこともありました。

モーセはヨシュアに男子を選び出し出陣させ、自らは神の杖を手に持って、丘の頂に立ちました。不思議にも、モーセが手を上げると、イスラエルは優勢になり、手を下ろすとアマレクが優勢になりました。

そうしてモーセたちは、ついにシナイの荒れ野に着き、天幕を張り、山に向かって宿営をしたのです。

そこでモーセは、神から「三日目に、民たち全員の見ている前で、シナイ山に降る」と告げられます。創造主が、降臨すると言うのです。

この時、何が起こったのかについて、聖書には、次のように記されています。


モーセは山から民のところに下って行き、民を聖別し、衣服を洗わせ、民に命じて、「三日目のために準備をしなさい。女に近づいてはならない」と言った。

三日目の朝になると、雷鳴と稲妻と厚い雲が山に臨み、角笛の音が鋭く鳴り響いたので、宿営にいた民は皆、震えた。

しかし、モーセが民を神に会わせるために宿営から連れ出したので、彼らは山のふもとに立った。

シナイ山は全山煙に包まれた。主が火の中を山の上に降られたからである。煙は炉の煙のように立ち上り、山全体が激しく震えた。角笛の音がますます鋭く鳴り響いた時、モーセが語りかけると、神は雷鳴をもって答えられた。

主はシナイ山の頂に降り、モーセを山の頂に呼び寄せたので、モーセは登って行った。


こうして神より賜ったのが「十戒」でした。

そうして雷鳴がとどろき、稲妻が光り、角笛の音が鳴り響いて、山が煙に包まれる有様を、集まったイスラエルの民たち全員が目撃したのです。

神は、四〇日四〇夜を費やして、実に多くのことを、モーセに告げました。『契約の書』と題されて、その内容はすべて聖書に書かれています。また、人々が奉納するものを奉る「幕屋」のつくり方や、「聖櫃《せいひつ》」のつくり方、「祭壇」のつくり方など、神は詳細に告げられています。

そうして、神からの神勅を受け取ったモーセは、シナイ山を下ってきたのですが、その時、モーセは手に二枚の『掟の石板』を持っていました。その『掟の石板』は、「聖櫃」に入れられ、大切に保管されることになるのですが、その行方は、いまもってわかっていません。

スピルバーグ監督の映画『インディ・ジョーンズ』の最初の物語は、この失われた「聖櫃《アーク》」にまつわるフィクションですが、ユダヤ人が、いまも、「聖櫃」の行方を捜しているのは事実です。

約束の地・カナンに至ったヨシュア

神から「十戒」を授かったモーセですが、その神が約束した地・カナンには、辿り着くことができなかったのです。エジプトを出た時、アロンは八三歳、モーセは八〇歳でした。それからなんと四〇年間、モーセとアロンは、イスラエルの人々を率い、約束の地・カナンを目指して歩んだのでした。

『申命記』の最後、第三四章にはこうあります。

主はモーセに、すべての土地が見渡せるようにされた。ギレアドからダンまで、ナフタリの全土、エフライムとマナセの領土、西の海に至るユダの全土、ネゲブおよびなつめやしの茂る町エリコの谷からツォアルまでである。主はモーセに言われた。「これがあなたの子孫に与えると私がアブラハム、イサク、ヤコブに誓った土地である。私はあなたがそれを自分の目で見るようにした。あなたはしかし、そこに渡って行くことはできない」

主の僕モーセは、主の命令によってモアブの地で死んだ。

そして、『申命記』に続く『ヨシュア記』の第一章は、「モーセの後継者ヨシュア」と題されています。そこには、こう記されています。

主の僕モーセの死後、主はモーセの従者、ヌンの子ヨシュアに言われた。「私の僕モーセは死んだ。いま、あなたはこの民すべてと共に立ってヨルダン川を渡り、私がイスラエルの人々に与えようとしている土地に行きなさい。モーセに告げたとおり、私はあなたたちの足の裏が踏むところをすべてあなたたちに与える。荒れ野からレバノン山を越え、あの大河ユーフラテスまで、ヘト人の全地を含み、太陽の沈む大海に至るまでが、あなたたちの領土となる」

こうしてヨシュアは、イスラエルの人々とヨルダン川を渡り、エリコを占領し、さらにアイを滅亡させ、ギブオン人を服従させ、五人王やハツォルとその同盟国を征服し、約束の地の全域を占領したのです。

ヨシュアは、諸民族の三一人の王を滅ぼし、歯向かう民族は全滅させてカナンの地の奪還を成し遂げたのです。

日本民族の叙事詩「神武東征」

「神勅」を受けたモーセが、エジプトを脱出し、そしてヨシュアが、ついに約束の地・カナンに到達するまでのドラマは、まさにイスラエル民族の叙事詩ですが、私は「神武東征」も、日本民族の叙事詩だと思うのです。

神武天皇は日本の初代天皇として、いまから二六七八年前に、大和《やまと》の国の橿原宮《かしはらのみや》（現奈良県橿原神宮）で即位されたとされています。

もともと、大和の国は、筑紫川の下流あたり（現福岡県山門付近）にあったと考えられています。そこから、神倭伊波礼毘古命は、さらに日向高千穂宮（宮崎県西臼杵郡五ヶ瀬上流あたり）へ遷り、そこから、いわゆる「神武東征」へと旅に立たれたのです。

『古事記』に描かれた「神武東征」の神話は、『出エジプト記』を思わせます。そして苦難の末に奈良県橿原市畝傍山東南の地に大宮を築いて即位したのです。

日本の初代天皇となった伊波礼毘古命は、「神武天皇即位建都の大詔《おおみことのり》」を渙発《かんぱつ》されています。その内容を現代語訳で、読んでおきましょう。

三月七日、令《のりごと》を下して言われた。「東征についてから六年になった。天神《あまつかみ》の勢威《いきおい》のお陰で、凶《あだ》為《な》す者徒《ものども》も殺された。だが周辺の地は、まだ治まらない。残りのわざわいが、なお根強いが、内州《うちつくに》の地は騒ぐ者もない。

皇都《みやこ》を開いて御殿をつくろう。しかし、いま世の中はまだ開けていないが、民の心は素直である。人々は巣に住んだり穴に住んだりして、未開の習わしが変わらずにある。

そもそも聖人《ひじり》が制《のり》を立てて、道理が正しく行われる。民の利益となるならば、どんなことでも聖の行うわざとして間違いはない。まさに山林を開き払い、宮室《おおみや》をつくって、謹んで尊い位につき、民を安んずべきである。

上は天神の国をお授けくださった徳に応え、下は皇孫《すめみま》の正義を育てられて心を弘めよう。その後、国中を一つにして都を開き、天の下を掩《おお》って家とすることは、またよいことではないか。見れば、かの畝傍山の東南の橿原の地は、思うに国の真中《もなか》である。ここに都をつくるべきである」と仰せられた。

神武天皇が、大和橿原の地に都を開かれるにあたって下された詔で、「夫《そ》れ大人《ひじり》の制《のり》を立つる」「何ぞ聖造《ひじりのわざ》に妨《たが》わむ」と仰せられたのは、天におわします神の国を授けてくださった徳に応え、地にあっては、天におわします神の末裔として、その神の御心を弘めることを約束したものと考えられます。

この約束は、神武天皇以降の歴代の天皇によっても、実践されるようになるのです。日本の歴代天皇は、皇祖皇宗《こうそこうそう》（天照大神と御代御代の天皇《すめらみこと》）が徳を樹《た》ててこられた、その日本の歴史を、深い大御心《おおみこころ》で受けとめられ、御即位なされ、仁を成してこられたということです。

対極的な運命を歩んだイスラエルと日本

神の意志によって誕生したイスラエルと日本ではありますが、その後、両国は対照的な運命を歩むことになります。

イスラエルは、預言者の時代から、「士師《しし》」と呼ばれる武人の時代、さらには「王」の時代を迎え、いまから三千年ほど昔に、ダビデ王によって一二部族の統一国家として誕生します。

しかし、王国はソロモン王の栄華を誇った後に、一〇部族からなる北イスラエル王国と、ユダ族、ベニヤミン族の二部族からなる南ユダ王国に分裂してしまいました。

紀元前七二二年、北イスラエル王国は、アッシリアによって滅ぼされ、その後今日に至るまで、イスラエルの一〇部族の行方は、わかっていません。このため、北イスラエル王国の部族は、「失われた一〇部族」と呼ばれているのです。

「失われた一〇部族」は、アジア大陸の各地に散らばり、その一部は日本にもやってきていたという説もあります。

イスラエル民族は国を持たずに世界に散らばり、再建国されたのは一九四八年。イスラエル王国の滅亡からおよそ二六七〇年も後のことでした。

一方の日本は、古墳時代から大化改新へと日本の国の形づくりを経て、さらには、朝鮮半島諸国との同盟や敵対、シナ大陸の王朝との対峙などを通して、天皇と「日の本の国」の国体を鮮明にしてゆくのです。

初の女性天皇である推古天皇の時代には、聖徳太子が出現して律令国家を建設し、隋や唐から学びつつも、その後、日本独自の国風文化を築きあげることに成功しています。

その精華は奈良・平安と和の美風を極め、世界に冠たる女流文学をも生み出したのです。

天皇の命を受け夷狄征伐を担った征夷大将軍は、その後「幕府」という武家政権の時代へと発展しましたが、天皇は君臨し続け、戦国時代にあってすらも、その存在は脅かされることがありませんでした。

徳川幕藩体制の二六〇年は、世界史に比類なき平和の時代を樹立し、その平和の下にあって庶民の生活や文化は繁栄を極め、江戸時代の庶民の識字率から始まって、浮世絵や歌舞伎といった庶民文化の繁栄は、世界を驚愕させる洗練されたものへと発展していきました。

世界における西欧列強の植民地支配の時代背景の中で、黒船が来襲。外敵のもたらす脅威から、明治維新を実現し、富国強兵政策の下で強国となった日本は、日清戦争、日露戦争を戦って、ついに世界の一流国の仲間入りを果たすのです。

第一次世界大戦では、連合国側の戦勝国となり、国際連盟の憲章に「人種平等」の理念を盛り込もうとして果たせず、列強と白人至上主義との対峙の末に追い詰められ、大東亜戦争の戦端を開くこととなりました。

ポツダム宣言の条件を受諾して降伏した日本は、占領という日本の歴史にかつてない不遇な時代を過ごすことになりますが、それでも宣戦布告をした昭和天皇は、戦後も天皇として君臨を続けました。

日本という国が体験してきたさまざまな時代と、その在り方があったにしても、神話の時代から連綿と一つの文化、文明が、極東の小さな島国で継承されてきたことは、奇跡ともいうべきものでしょう。

二千年という長い期間、国を持たずに民族が世界に散らばってしまっていたイスラエルにとって、それはまったく対照的な在り方で、対極的な民族とすら考えられる存在が、日本と日本人なのです。

「日ユ同祖論」の摩訶不思議と皇室

ところが、そんな対極的な存在であるはずのイスラエルと日本には、実に不思議な類似性があるのです。

日本人とイスラエル人は、祖先が同じであるというような極論も存在します。

このことについて、かつて私は三笠宮崇仁親王殿下にお話を伺ったことがあります。三笠宮殿下は、大正天皇の第四子であられ、先帝陛下（昭和天皇）の弟君、今上陛下の叔父君にあたります。

殿下は、メソポタミア地域などの考古学をご専門とされ、聖書が書かれた文字であるヘブライ語も学ばれ、聖書の『創世記』などもお読みになっていらしたのです。

そこで、駐日イスラエル大使として、天皇陛下の信任状を奉呈された後に、最初の会談を申し込ませていただきました。

最初は、当時イスラエル大使館職員だった滝川義人氏を伴って、会談に赴きました。私がどのようにして日本の文化に興味を持ったかをまとめた、四ページの書面も持参しました。

会談は、殿下の邸宅で行われました。当初、三〇分の予定が二時間に及び、その二日後に宮内庁から滝川氏にふたたびお呼びがかかりました。

三笠宮殿下にお会いした滝川氏は、一部の人が唱える「日ユ同祖論」に関する殿下のお考えを伺ったのです。

「イスラエル民族と日本民族は違う民族である。しかしながら、民族の違いはあったとしても、協力していく方法やお互いに学び合う道は、見出すことができる」

これが殿下のお考えでした。

さらに殿下は、「指揮」に関わる日本人とシナ人の民族性の違いについて言及されました。殿下が軍の参謀としてシナ大陸に勤務されていた時のことです。シナ軍の指揮官は、羊飼いが群れを後ろから追いたてるように、後ろから号令をかけて兵士を督戦するのに対して、日本軍の指揮官は兵士の先頭に立つと、ご指摘になられたのです。

実は、イスラエル軍の指揮官も、常に軍隊の先頭に立ち、兵士を導くのです。

その殿下のお言葉をお聞きし、私は滝川氏に、「そのお話だけでも、私は日本人とイスラエル人の共通点を見出すことができる」と言いました。

この二回の殿下との会談を通して、私は殿下がいかにユダヤ民族の歴史や文化に興味をお持ちになっているかを感じたのです。

殿下は、人類学の専門の研究者として、中でも特にユダヤ人とアラブ人の共通の父祖であるアブラハムの故郷・メソポタミア地方に、深い関心を寄せていらっしゃいました。

最新のDNA研究によってわかったこと

最新の研究によって、現在の日本に生きる日本人のDNAは、縄文人のDNAをベースにしていることがわかっています。

アイヌも、沖縄の人々も、日本人です。日本人としてのDNAのベースを、北海道や本州、四国、九州に住む日本人と共有しているからです。

日本人のDNAは、朝鮮半島の人々のDNAとも、シナ大陸の人々のDNAとも、まったく異なることもわかっています。むしろ、日本人のDNAは、チベット人のDNAに近いのだそうです。

日本人は、大陸から朝鮮半島を通って日本に渡来したのではありません。ですから、日本人の祖先は、朝鮮人でもシナ人でもないことがDNAからはっきりわかっています。

日本は長い間アジア大陸と陸続きだったこともあり、日本人の祖先はシナ大陸や朝鮮半島から来たという推測がなされてきたのですが、いまではDNAの研究により、そうではないことが判明しているのです。

研究者の中には、前述したように、日本人のDNAはチベット人に共通している部分があると言う者や、南米人のDNAと共通するところがあると唱える者もいます。中には、ユダヤ人と日本人のDNAに共通する特質のあることを指摘する専門家もいるほどです。

しかし、ユダヤ人のDNAとの共通点といっても、比較測定が実に難しいのではないでしょうか。

そもそもユダヤ人は、二千年もの長い間に、世界中に散らばってその地に住み、あらゆる民族と混血となっています。ユダヤ人どうしでも、まるで民族が異なるようなところがあるので、日本人と「ユダヤ人」のDNAの比較というのは、そう容易ではないだろうと推測できます。

つまり、ロシア系のユダヤ人はロシア人との類似があるでしょうし、モロッコ系のユダヤ人は、当然、モロッコ人の特徴を有しているわけです。もともとは同じユダヤの民族であって、さらに二千年か三千年前には父が同じであったとしても、ロシア系ユダヤ人とモロッコ系ユダヤ人では、ずいぶんと伝統も祭司も風習も異なるのです。

つまり「ユダヤ人」からすると、我々ユダヤ人はあらゆるDNAの背景を持っている、ということもいえるのです。

アフリカ、ヨーロッパ、シナ、インド、イラン、トルコ、エジプトなどなど、限りがないくらい世界各地へと、民族は散らばっています。

私のコーヘンという家系は、もともとは宗教儀式を司《つかさど》っていた祭司の家柄ですが、五〇年ほど前に、アメリカでそのDNAの調査が実施されました。

その結果、古代のアロン・コーヘンという、モーセの一番上の兄を共通の祖先とすることが判明したのです。つまり、その遺伝子を三五〇〇年も保ち続けて、いまに至っているということになるのです。

日本は、武士道の国。その遺伝子は占領で失われてなどいない！

イスラエルは、はるか二七三〇年の昔に侵略を受け、古代イスラエル王国は消滅し、イスラエル人は世界に離散するという歴史を体験しました。

一方で日本は、縄文時代から一つの民族が、営々と歴史、祭司、文化、伝統を継いできましたが、その間にさまざまな脅威や影響を、海外から受けています。

よく、第二次世界大戦を契機に、「商人の国イスラエルはサムライの国になり、サムライの国だった日本は商人の国になった」と形容されます。

しかし、私はそうではないと思っているのです。

日本とイスラエルという二つの国を深く読み解くと、その在り方は、このような比喩では容易に語りつくすことはできません。

イスラエル人は、二千年もの長い年月の間、国を失い、世界に離散していたのです。それでもイスラエル人は、信念を持って、二六〇〇年後に再建国を果たしたのです。

一方の日本人は、国を失ったでしょうか。

確かに、マッカーサーの占領は、日本に衝撃を与えました。それまで、侵略を受けたことがなかった日本が、初めて体験した外国軍による占領です。しかし、日本という国が失われたわけではありません。

日本が占領された七年間（一九四五～一九五二）は、連合国軍による軍政が布《し》かれました。その占領の最中に、帝国憲法は改正され新たに日本国憲法がつくられました。そこに入れられたのが、いわゆる戦争の放棄と軍の不保持を謳《うた》った第九条でした。

日本は、神と武の精神を尊ぶ国でした。太平洋戦争を戦ったマッカーサーは、日本人の精神力の強さに圧倒されました。日本人の力の源泉は、神道と武道にあると確信したのです。このため、マッカーサーによる占領は、日本の力の根源である神道と武道を取り払うことを政策としたのです。

それによって、柔道や剣道などの武道は禁じられました。武士道の伝統の力が、国家としての日本を、そして日本の軍事力を復活させることを恐れたからでした。

占領政策は、日本を弱体化させ、二度とふたたび極東地域でアメリカと戦おうなどという気を起こすことがないようにさせるためのものでした。その政策は、確かに功を奏した面があることは否めません。このため、武士道精神が失われたかのように受けとめられ、巨大な変革を強いられた日本は、自分の国を護る気概《パッション》も失ったかのように思われました。もし敵が攻めてきたら、アメリカ軍に頼って、その庇護の「傘」の下に安住するかのようです。

しかし私は、日本人の武士道精神は、決して失われることはなかったと思っています。

天皇や日本文化を尊ぶ精神は、いまだに健在です。そして、武の精神は姿を変え、経済発展を達成し、世界中に日本の独特な文化を広めるために発揮されたのです。

武士道精神が、そうした方向へと向けられた結果、何が起こったでしょうか。

戦争で焦土と化した日本は、その後二〇年で復活し、資源がないにもかかわらず、ついには世界第二位の経済大国となったのです。

つまり占領軍は、日本人の精神力を打ち砕くことができなかったのです。武士道の力は、日本の経済と産業を、見事に復活させてみせたのでした。

一九五二年に占領期間が終わりを迎えると、武士道は日本のすべての子供たち、学生や教師の間で受け継がれ、発展してゆきました。

それどころか、日本の武道である空手、柔道、剣道、居合道、合気道、柔術、そして相撲までもが、全世界へと広まり、いまでは何千万という人々が、その修練を積んでいるのです。

私の孫は、毎日のように「ベイブレード」という日本の「こま」遊びから発展したおもちゃで楽しんでいます。そのアニメもありますが、アニメは日本から全世界へと広まりました。

武士道精神は、決して死に絶えなかったのです。いや姿を変えて、いま世界に広まり、生き続けているのです。私は、その姿を「日本道」と捉えて、未来へと継承、発信してゆきたいと思うのです。

第三章　イスラエルと日本の不思議な絆

二七〇〇年前、淡路島にユダヤ人が来ていた

二〇一七（平成二九）年五月一四日、私は淡路島に赴きました。

目的は、淡路島で行われる「古代ユダヤ遺跡発掘六五周年の記念式典と祭典」に出席するためでした。

またこの日は、一九四八（昭和二三）年にイスラエルが再建国されてから六九年目にあたる、イスラエルの建国記念日でもありました。

おそらく読者の皆様は、「淡路菰江《こもえ》古代ユダヤ遺跡」についてご存知ではないと思います。

そこで、少しその解説をしておきましょう。

紀元前七二二年に、北イスラエル王国が、そしてさらに紀元前五八六年には、南ユダ王国が滅亡し、ユダヤ人は「イスラエル国歌」に歌われるように、「東の果て」を目指して大きな民族移動を始めたのです。

そうした中で、古代イスラエルの人々が、葦船の船団に乗船して日本にも渡ってきたという伝説が、淡路島にあるのです。

もちろん、確定した史実ではありません。しかし、そうした伝説によれば、葦船の大船団は、沖縄、九州から淡路島を目指し、その一部は九州を北上し山口県に至り、また別な一団は、京都の丹後半島に至ったといいます。

そして、淡路島に至った一団は、自分たちが日本に到達したという碑を残しました。それが「淡路菰江古代ユダヤ遺跡」であるとされているのです。

大本教の出口王仁三郎が遺跡調査を指示

この遺跡の発掘に一役かったのが、大本教《おおもときょう》の出口王仁三郎《おにさぶろう》でした。王仁三郎は、かねてからユダヤと日本の関係について言及していました。

そして一九三五（昭和一〇）年、王仁三郎は白山義高氏に、遺跡の調査・発掘を託したのです。王仁三郎から指示を受けた白山氏は、同年、淡路島の古代ユダヤ遺跡の調査に乗り出しました。そして、終戦の前年の一九四四（昭和一九）年、白山氏は、「聖書に啓示されている合図の旗」と題する二〇ページの勧告書をまとめています。この勧告書は、日本政府の情報局総裁を経由して、米英ユダヤ教徒に送られました。

発掘を依頼した王仁三郎は、一九四八（昭和二三）年の一月一九日に死去しましたが、奇遇にも、その年の五月一四日に、イスラエルは建国を果たしたのでした。

終戦から七年を経た一九五二（昭和二七）年一〇月一四日、先ほどの白山氏の勧告書に応じて、日本の占領にあたっていた連合国軍総司令部（ＧＨＱ）が、その調査を実施したのです。

そして、ＧＨＱの従軍聖職者だったユダヤ教の大司教Ｔ・ローゼン師が、調査団長として、淡路島にやってきました。

同日、現在は「ホテル淡路夢泉景《ゆめせんけい》」となっている場所にあった、当時の「四州園《ししゅうえん》」で、日本の国旗・日の丸とイスラエル国旗を交叉して掲揚し、神道の玉串奉奠《たまぐしほうてん》の祭祀を行ったのです。

そして翌一〇月一五日の午前九時から、発掘調査を開始し、一六日に、海岸に突出した岩盤の岬に、遺跡が発見されたのです。

この遺跡は、小磯海岸と呼ばれる場所にあって、昔から「祟り」があると、地元の人々に怖れられていました。

それには理由がありました。

実は、一九二八（昭和三）年九月、四洲園のオーナーだった森重吉氏がこの小磯海岸の岩場を購入、旅館の湯殿拡張のために岩場を整地していたところ、岩蓋のある遺跡のようなものを発見し、掘り起こしたのです。

しかし、森氏は「大変なものを掘り起こしてしまった」と真っ青になり、すぐに埋め戻したそうですが、翌日、なんと森氏は急死してしまったのです。

その直後に高知県室戸岬に上陸した室戸台風が洲本市を襲い、甚大な被害を与えたことから、人々は「遺跡を掘り起こした祟りではないか」と、噂するようになったと言うのです。

そんないわれのある遺跡を、日本の占領にあたっていたGHQの従軍聖職者、ユダヤ教の大司教T・ローゼン師が淡路島にやってきて、「古代イスラエルの遺跡」と認定したのです。

また、日本イスラエル協会の小林考一会長らが、この淡路菰江遺跡の周辺の海岸を発掘調査したところ、ヘブライ語で「聖なる波」と書かれた三〇センチほどの石や、ダビデの紋章のついた指輪などが次々と出土したと言うのです。

こうしたことから、ここは「古代ユダヤの遺跡」であると考えられているのです。

古代ユダヤ遺跡発掘六五周年の記念式典で講演

淡路島での催しは、淡路菰江古代ユダヤ遺跡奉賛会（魚谷佳代会長）の主催で行われました。

私は五月一四日の早朝に東京を発ち、新幹線で新神戸まで行って、出迎えてくれた関係者の

著者が2700年前に来日した霊を感じようとした現場

車で淡路島に向かいました。

最初に訪れたのは、遺跡のある「ホテル夢泉景」でした。奉賛会の魚谷会長に案内されて、遺跡の祀られているところを訪れました。

しかし、遺跡は、もともとあった場所から移動され、ホテルの一角に祀られていました。

私は、もともと遺跡のあったところを見たいと言って、魚谷会長にその場所に連れて行ってもらったところ、そこは、ホテルの建物の下にあり、コンクリートと土に囲われた空間のようなところでした。

私は、一人にさせてほしいと言って所払いをお願いし、その場所に立ってみました。

心を鎮め、神に祈り、この地に来たとされる古代イスラエルからの訪問者を感じることができるか、試みたのです。しかし、残念ながらその時は、渡来した古代イスラエル人の霊の存在を、感じることはできませんでした。

シンポジウムの会場は、洲本市文化体育館文化ホールという、かなり大きな三階建ての大ホールでした。私は控室に通されて、そこで淡路菰江古代ユダヤ遺跡から発掘された石や指輪などを拝見しました。驚いたことに、漬物石のような丸い三〇センチほどの石には、ヘブライ語が書かれていたのです。日本中の「ユダヤの遺跡」とされるところは、大使だった頃から、ずいぶんといろいろなところを訪れてきましたが、ヘブライ語が書かれている石を、実際に手にして見たのは、初めてでした。

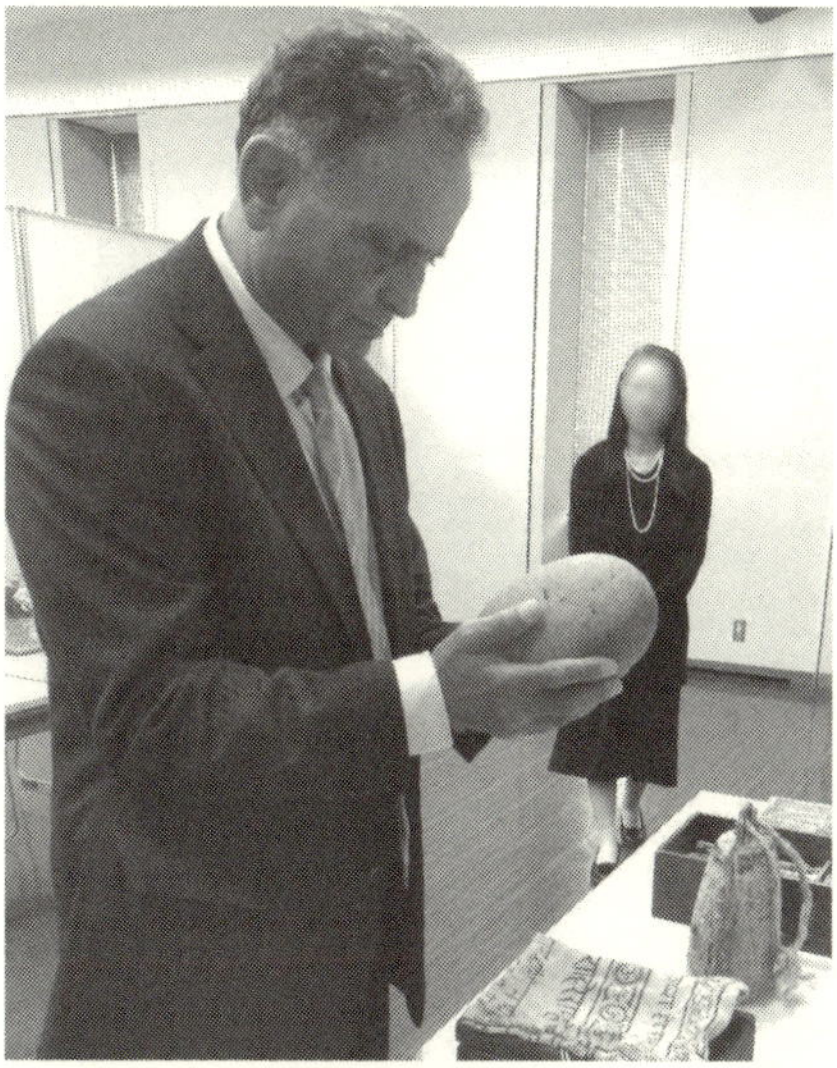

石を手に取って見る著者

ほどなく、もう一人の講演者である伊弉諾《いざなぎ》神宮の本名《ほんみょう》孝至《たかし》宮司もお越しになられ、樋口季一郎中将が、この地で生誕されたと教えていただき、びっくりすると同時に、イスラエルと淡路の不思議な絆に思いを馳せたものでした。

開会に先立って、地元出身の衆議院議員で現内閣官房副長官の西村康稔《やすとし》氏から届けられたメッセージが代読されました。そのメッセージは、次の通りです。

本日の淡路菰江古代ユダヤ遺跡発掘六五周年記念講演並びに伊弉諾神宮による祭典のご催行を心よりお喜び申し上げます。

淡路菰江古代ユダヤ遺跡奉賛会会長、魚谷様はじめ関係各位におかれましては、ご開催に向け多大なるご尽力を賜り、衷心より敬意を表します。

イスラエル建国六九周年の五月一四日に、国生みの島、淡路島において行われる祭典が、今後の日本とイスラエルの友好の柱となりますこと、そして本日の記念講演、祭典を契機とし、より多くの方々が歴史、史実に興味を持ち、日本遺産に認定された淡路島を訪れ、その魅力に触れていただくことにより、さらなる活性化につながることとご期待申し上げます。

本日のご盛会、ご会衆の皆様の一層のご活躍とご健勝をお祈りいたします。

平成二九年五月一四日

自民党総裁特別補佐、筆頭副幹事長
衆議院議員　西村やすとし

シンポジウムでは、「日本を知る会」の國分孝一氏による法螺貝《ほらがい》の演奏、ソプラノ歌手の倉原佳子氏による国歌「君が代」とイスラエル国歌の独唱、楢崎《ならさき》醍剛氏による「天皇を護る」ものとされる秘伝の「剣祓い極典の儀」の演武、倭《やまと》瑠《る》七《な》氏他倭《やまと》巫女《みこ》舞《まい》の女性たちによる「月舞い」、「あわうた・あわフラ」の演舞などが披露されました。

　そして私は、英語で次のような講演を行いました（要約）。


（前略）私は、本日お集まりの皆様、そして世界の皆様にお伝えしたいことがあります。それは、「信じる」ということです。これは、とても大切なことなのです。

大谷先生は、ユダヤ人が初めて日本にやってきたのは、いまから二七〇〇年前だと、そう信じておられます。はたしてそれが真実であるかどうか、私にはわかりません。

私は、よく次のような質問をされます。

二千年もの間、ユダヤ人は世界に散らばってしまっていた。ところが、二千年を経て、ふたたびユダヤ人の国家を建設した。どうして、世界史の中に埋もれて民族が消滅してしまうことなく、復活することができたのか、と。

　この質問に対する答えは、シンプルです。

（中略）彼らは、三つのことを、強く信じることができた。だから、彼らはユダヤ人として生き続けることができたのです。

一つは、神です。神を信じた。彼らは、ユダヤの聖書に書かれていることを信じた。伝統と宗教を信じたということです。

二つ目は、イスラエル国のある地は、聖地であるということを、信じたわけです。

そして三つ目は、我々は、一つの民族であるということを信じたわけです。イスラエルの民であるということを、信じた。呼び方としては、ユダヤ人、イスラエル人と二つの呼び方がありますが、いずれにしても、一つの民族なのだという信念があった。

つまり、信仰、そして国土、民族と、この三点がそろうことが重要なのです。

世界中に、この三つの点を大切にしてきた民族は、日本人を唯一の例外とすれば、ユダヤ人しかいません。

エジプトや中国は古い国家ですが、彼らは、三つのうちの一つか、二つを欠いています。宗教を失ったり、民族としてのアイデンティティを失ったりしています。

ですから、皆さんがこの三つを護持するなら、特別な国として存在し続けられるのです。

日本人は、この三つを大切にしてきました。日本人にとって、国土は「神州」です。そして、天皇、神道といった日本の伝統を、大切にしています。そして日本人は、日本民族を一つの民族であると、捉えています。例えば、ブラジルで外国人に、「あなたは中国人ですか?」と尋ねられたら、「いえ、日本人です」と、皆さん答えるでしょう。世界中のどこにいようと関係ありません。

この三つのことを大切にすることを、決して忘れてはなりません。

淡路島は、日本の国生み神話では、一番最初に誕生した島です。

(中略)また、遺跡から発掘された石も、手に取って拝見させていただきました。そこにはヘブライ語が書かれていました。

私は、一九八六年から、日本全国をまわって、ユダヤの遺跡などを直接目にしてきましたが、ヘブライ語が書かれた石を目にしたのは、初めてでした。

実に数多くのユダヤの伝統にまつわるものが日本に存在し、私もそうした場所を訪れました。その体験から、私はユダヤ人がはるか昔に日本列島にやってきたということを、確信しています。

(中略)私は専門家ではありませんので、この石を鑑定することはできません。ぜひ、専門家による鑑定をしていただきたいと思います。そしてこの石(に書かれたヘブライ語)が、二千年、あるいは二七〇〇年前のものであると判明すれば、古代にユダヤ人が日本に来ていた重要な証拠となります。なぜなら、そこにはヘブライ語が書かれているからです。

私の人生の大きな目的の一つは、日本とユダヤの強い絆をつくりあげることです。私は、偶然というものを信じません。偶然のようなことが起こったとしたら、それは天の何者かが、そうしたことを意図的に起こそうと計画したから起こるのです。

一九五二年に、淡路島の菰江古代ユダヤ遺跡が発掘されてから、今年で六五周年を迎えます。

ユダヤ教のラビ、T・ローゼン師が、この遺跡は古代ユダヤの遺跡であると認定してから、六五年を経たわけです。

一九五二年という年は、日本とイスラエルが外交関係を樹立した年でもあります。日本は、アジア全体の中で、最初にイスラエルと国交を結んだ国なのです。日本の政治リーダーたちが、日本とイスラエルの深い絆というものを感じていたことは、明らかです。

淡路島がつなぐ不思議な縁

日本とユダヤが古くから交流を持ってきたことは、日本全国に存在するさまざまな証によって確信することができます。

日本最古の歴史書でもある『古事記』の冒頭を飾るのが「国生み神話」です。

その神話の中で伊邪那諾と伊邪那美が、生まれたばかりの混沌とした大地を、天沼矛でコオロコオロとかき回し、その矛の先から滴り落ちた塩の雫が凝り固まったものが、「オノコロ島」です。そして、この最初に生まれたオノコロ島が、淡路島であるとされています。

シンポ会場入口でプロデューサー成田亨氏の子女らと

日本神話で初めて誕生した島に、古代ユダヤの遺跡があるというのは、実に意義深いことだと思うのです。二七〇〇年前というのも、実に不思議な伝説であると思います。

前述したように、紀元前七二二年には北イスラエル王国が滅亡し、ユダヤ人は「イスラエル国歌」に歌われるように、「東の果て」を目指して大きな民族移動を始めたとされています。

いわゆる「古代イスラエルの失われた一〇部族」のことを指しているのですが、それからほどなくして、東の国・日本で、神武天皇が初代の天皇として即位していることには、不思議な思いを禁じ得ません。

皇紀という天皇の暦でいえば、二〇一八（平成三〇）年は、皇紀二六七八年にあたるのです。

古代の北イスラエル王国が滅亡したのが、紀元前七二二年ですから、いまより二七三九年前のことになります。

北イスラエル王国の崩壊から六二年後に、東の国に「神の子孫」とされる初代天皇が誕生し、現在まで天皇の皇統が継承されてきているのです。

もちろん初代天皇の即位の年代は、神話のことですから、史実とそのまま認定することは難しい面もあるでしょう。しかし、実に興味深い、偶然の「一致」ではないでしょうか。

高天原はイラク北部にあった!?

日本と古代イスラエルには、偶然とはいえない、さまざまな相似点があるのです。

「日ユ同祖論」の研究者の中には、「高天原が、イラク北部にあった」と推論する方もいらっしゃいます。

私を含め、ほとんどの日本人がそんなことはないと、即座に否定したくなりますが、ユダヤ研究の第一人者である小谷部全一郎博士の信念は、揺るぎないものがあります。

小谷部博士は、アメリカのハワード大学、エール大学に学び、同大学院で哲学博士の称号を得た後、帰国して東京皇学講究所や国学院大学で講師を務めた人物です。

小谷部博士は、一九二九（昭和四）年に、『日本及日本國民之起源』という本を著し、日本人と天皇家のルーツが古代イスラエル人であると主張したのです。

戦前に、そのような主張が許されたことも驚きですが、その根拠も驚くべき内容であるといえます。

日本神話では、大和民族の祖先は高天原から降臨したとされ、その高天原は天上の神々の世界と解釈されています。つまり、高天原は「神話」の世界であるのです。

ところが、小谷部博士は、高天原は、西アジアの「タガーマ地方のハランという場所」であると喝破しました。

「タガーマ」は、聖書の『創世記』第一〇章三節、『エゼキエル書』第三八章六節に出てきます。ノアの曾孫トガルマの子孫が、住んでいた土地の古代の地名です。そこには、「ハラン」という場所があったことが、聖書にも書かれています。

イスラエル人の父祖アブラハムが住んでいたところでもあります。

現在でいうと、そこはイラクの北部にあたりますが、ＩＳの出現によって、いまや「タガーマ・ハラン」は、戦闘の地と化してしまいました。

相撲や祭りの掛け声はヘブライ語

相撲は日本の国技で、神事であるとされています。横綱を締めることは、その象徴でもあります。横綱は、人間を超えた、いわば「神」の境地にある存在だという話は前述しました。

そんな相撲で、イスラエル人が最も驚くのは、行事が発する「ハッケ」という言葉です。私は武道家ですから、試合開始の時に、「はじめ」と言われることには慣れています。

しかし国技である相撲では、力士の取り組みの時に、レフリーである行事が使う言葉は、「はじめ」ではなく、「ハッケヨイ」であることに驚きました。それどころか、日本人は、「ハッケヨイ」の意味がよくわからないようです。イスラエル人にはすぐわかります。

ヘブライ語で「ハッケ」とは、「打つ」とか「打撃」すること、あるいは「噛みつく」ことを意味するのです。

相撲だけではありません。日本の祭りで使われる掛け声も、どうも多くの日本人はその意味がわかっていないようです。しかし、不思議なことにイスラエル人には、その意味が即座にわかるものが多いのです。

例えば、「エッサ」という、神輿を担ぐ時などに発せられる掛け声があります。

日本人に「この『エッサ』とは、どういう意味ですか?」と尋ねても、ほとんどの方が答えに窮してしまうのです。

ヘブライ語で、「エッサ」は、「持ち上げろ」あるいは「運べ」という意味です。祭りで神輿を担いでいる時に、「エッサ、エッサ」と言っているのを聞くと、ヘブライ語ではないかと思ってしまいます。

日本の民謡の「掛け声」にも、日本人には意味がわからないのに、ヘブライ語でなら意味がわかるというものが、たくさんあります。

例えば、秋田音頭では「キタカサッサ」と繰り返されます。これはヘブライ語で「皆が輪になって、喜んで待ち望む」という意味に解釈できます。

秋田の生保内節《おぼないぶし》は、「キタサノサー」と言い、さらに「コラサノサー」「ドッコイショ」と掛け声が入ります。

ヘブライ語では、「キタサ」は、「王位に就く」という意味です。「ノサー」は、「ノサッド」というヘブライ語であると解すれば、「樹立する」という意味になります。つまり、「王位を樹立してその地位に就いた」という意味になるのです。

「コラ」は、「神の声」とも解釈できます。すると、「コラサー」は「神の声を携える」の意味となるのです。ちなみに「ドッコイショ」は、「神の助けで突き進む」という意味に解釈できます。

まったく意味不明の盆踊りの歌

青森県十和田周辺はもとより、青森県南部から岩手県北部、秋田県鹿角《かづの》地方にかけては、かつての南部藩の領内です。

そこに昔から伝わる盆踊りがあるのですが、その「はやし歌」は、地元の人にもまったく意味がわからないものなのです。

「ナニャドヤラ」として知られていますが、南部以外の人には「ニャンニャン」と聞こえたので、「南部の猫唄」とも呼ばれていました。

男女が夜を徹して踊りながら、好き合っている男女が、この夜だけは夜陰に紛れて思いを遂げることが許されたともいいます。

現在歌われている歌詞は、次のようなものです。

ナニャド　ナサレテ　ナニャドヤラ
ナニャドヤレ　ナサレデ　ノーオ　ナニャドヤレ
ナニャドヤラヨー　ナニャド　ナサレテ　サーエ　ナニャド　ヤラヨー
ナニャド　ナサレテ　ナニャドヤラ　ナニャド

大正時代のことになりますが、神学博士でヘブライ語研究の泰斗《たいと》であった川守田英二博士が、この「ナニャドヤラ」は、ヘブライ語で解釈すると意味がわかると喝破しました。「ナニャドヤラ」は、「御前に聖名をほめ讃えん」。「ナニャドナサレノ」は、「御前に毛人を掃討し」という意味に取れ、「これは古代イスラエルの進軍歌だ」と論じたのです。

同様に、青森のねぶた祭りで知られる掛け声の「ラッセー・ラッセ・ラッセーラ」も、川守田博士は、「動かせ・動かせ・高きへ進め」と訳せると論じています。

景教徒は失われた一〇部族か

江戸時代、それもペリーの「黒船来襲」の一二年も前に、ニューヨークで興味深い本が出版されました。タイトルは、『景教徒は失われた一〇部族か——彼らのアイデンティティに関する証拠』というもので、著者は医者でキリスト教宣教師だった、アサヘル・グラントという人物です。

景教徒は、ネストリウス派のキリスト教徒とされています。グラントは生涯を景教徒と暮らし、研究に勤しみました。

ペルシャ（イラン）、イラク、アルメニア、クルディスタンなどに住む景教徒は、皆がイスラエルの失われた一〇部族の子孫だと信じていたと言うのです。

また、彼らは古代イスラエルで使われたアラム語を話し、イスラエル人特有の風習に生き、聖書で禁じた食べ物を拒み、犠牲の風習を持ち、初穂を捧げ、安息日には火を使わず、料理もせず、断食をし、過ぎ越しの祭りを行い、割礼をしたと、グラントは記しています。

日本にも、景教徒は渡来しています。

景教徒の帰化人として知られているのが、秦《はた》一族です。

『日本書紀』には、応神《おうじん》一四年に、融通王とも呼ばれた弓月君《ゆづきのきみ》が、百済《くだら》から一二七の縣《あがた》の民を率いて帰化し、秦氏の基となったと記されています。

応神天皇は第一五代天皇で、父が先帝の仲哀天皇、母は神功皇后です。さらに秦一族は雄略天皇の時代には、一八六七〇人。六世紀になると数万人の勢力となっています。

秦一族は、灌漑や大規模な土木工事に高度な技術を持ち、古墳の造営から、広隆寺、仁和寺、大覚寺などの寺をはじめ、宇佐八幡宮、松尾大社、金刀比羅宮、さらには八幡神社や稲荷神社を全国に建設しています。

秦一族は、神社仏閣だけではなく、養蚕、機織り、酒造を手掛け、楽器や紙など、飛鳥時代から平安時代にかけて、日本文化の中核を担いました。

聖徳太子のブレーンだった秦河勝《はたのかわかつ》は、巨大な経済力で全国に寺院を建設し、朝廷にも影響力を持ちました。平安京（京都）を造営したのも、秦河勝でした。

京都は日本の「エルサレム」

日本の古都・京都は、もちろん日本文化の中心地ですが、イスラエルとも、実に摩訶不思議ともいえるような類似点が多々あります。

そもそも京都は、「平安京」と呼ばれていましたが、イスラエルの首都である「エルサレム」とは、実は「平和の都」という意味なのです。

もちろんそれだけなら、偶然と言っていいでしょう。

京都府章

京都市章

しかし、京都の北東には、「琵琶湖」があります。エルサレムの北東にも「ガリラヤ湖」がありますが、古代には「キテレネ湖」と呼ばれていました。キテレネとは、弦楽器の琵琶を意味します。つまり「琵琶湖」です。

そもそも、「京」という漢字も不思議な、象徴的な形をしています。その頂点を線で結ぶと、△と▽を合成した姿になります。それは、「ダビデの星」と呼ばれ、イスラエル国旗に示された民族のシンボルです。

それが思い過ごしでない証拠に、京都府も、京都市も、そのマークは、「ダビデの星」のモチーフである「六芒星」をベースにしています。

京都の祇園祭は、「シオンの祭」

京都で有名なのは、祇園祭《ぎおんさい》です。この「祇園」という名称は、「シオン」から来ていると言われます。

「シオン」とは、平安の都、エルサレムの別名です。それはイスラエル国家の首都を意味します。ですから「シオニスト」運動というのは、「エルサレムへの帰還」運動のことです。離散した多くのイスラエル人が、祖国イスラエルの首都エルサレムに帰還する運動です。

ローマ字表記では、「Ｚｉｏｎ」となります。これは、日本という国名の古い呼び方である「ジッポン」にも似ています。日本の英語読みのＪａｐａｎも、「ジッポン」の音に由来しています。

もっとも、それだけで「祇園」が「Ｚｉｏｎ」であると言うなら、それは単なる語呂合わせかもしれません。私も、そう思っていました。

祇園祭は、毎年七月一七日頃に、全国各地で行われます。京都の八坂神社は、祇園祭の中心拠点です。その京都の祇園祭を、私は現地に行って、この目で見てきました。

すると驚くべきことに、神輿の装飾の一部は、聖書の神話を描いたものでした。

なんとそこには、「ノアの箱舟」の神話や、ユダヤ教で大切な七つ枝の燭台「メノーラー」などが描かれているのです。

メノーラーに類似した神輿の装飾

ちなみに、七月一七日というのは、大洪水で漂流した「ノアの箱舟」が、アララト山に漂着した日でもあります。

さらに、祇園祭では、「エンヤラヤー」と掛け声をかけますが、日本人にその意味を聞いても、誰もわかりません。

しかしイスラエル人には、「エァニ・アーレル・ヤー（私はヤハウェを賛美します）」と、そう言っているように聞こえるのです。

諏訪神社で行われる聖書の「イサク奉献」神話

聖書の『創世記』第二二章には、「イサク奉献」の神話が記されています。引用しましょう。

神はアブラハムを試された。

神が、「アブラハムよ」と呼びかけ、彼が、「はい」と答えると、神は命じられた。

「あなたの息子、あなたの愛する独り子イサクを連れて、モリヤの地に行きなさい。私が命じる山の一つに登り、彼を焼き尽くす捧げ物として捧げなさい」

次の朝早く、アブラハムはろばに鞍を置き、捧げ物に用いる薪を割り、二人の若者と息子イサクを連れ、神の命じられたところに向かって行った。

三日目になって、アブラハムが目を凝らすと、遠くにその場所が見えたので、アブラハムは若者に言った。

「お前たちは、ろばと一緒にここで待っていなさい。私と息子はあそこへ行って、礼拝をして、また戻ってくる」

アブラハムは、焼き尽くす捧げ物に用いる薪を取って、息子イサクに背負わせ、自分は火と刃物を手に持った。二人は一緒に歩いて行った。

イサクは父アブラハムに、「私のお父さん」と呼びかけた。彼が、「ここにいる。私の子よ」と答えると、イサクは言った。

「火と薪はここにありますが、焼き尽くす捧げ物にする子羊はどこにいるのですか」

アブラハムは答えた。

「私の子よ、焼き尽くす捧げ物の子羊はきっと神が備えてくださる」

二人は一緒に歩いて行った。

神が命じられた場所に着くと、アブラハムはそこに祭壇を築き、薪を並べ、息子イサクを縛って祭壇の薪の上に載せた。そしてアブラハムは、手を伸ばして刃物を取り、息子を屠ろうとした。

その時、天から主の御使いが、「アブラハム、アブラハム」と呼びかけた。彼が、「はい」と答えると、御使いは言った。

「その子に手を下すな。何もしてはならない。あなたが神を畏れる者であることが、いま、分かったからだ。あなたは、自分の独り子である息子すら、私にささげることを惜しまなかった」

アブラハムは目を凝らして見回した。すると、後ろの木の茂みに一匹の雄羊が角を取られていた。アブラハムは行ってその雄羊を捕まえ、息子の代わりに焼き尽くす捧げ物として捧げた。

主の御使いは、ふたたび天からアブラハムに呼びかけた。御使いは言った。

「私は自らにかけて誓う、と主は言われる。あなたがこの事を行い、自分の独り子である息子すら惜しまなかったので、あなたを豊かに祝福し、あなたの子孫を天の星のように、海辺の砂のように増やそう。あなたの子孫は敵の城門を勝ち取る。地上の諸国の民はすべて、あなたの子孫によって祝福を得る。あなたが私の声に聞き従ったからである」

これが、聖書にあるアブラハムが息子のイサクを神に捧げようとした神話です。しかし、日本の神社の中に、まさしくこの神話をご神事として行っているところがあるのです。

それが、諏訪大社の「御頭祭《おんとうさい》」です。

諏訪大社の「御頭祭」は、聖書の「イサク奉献」だ！

皆さんは、信州・諏訪湖の畔にある諏訪大社をご存知でしょう。

諏訪大社は、全国の諏訪神社の総本社で、日本でも最も古い神社の一つとされています。上社と下社があり、諏訪市に上社本宮、茅野市に上社前宮、下諏訪町に下社春宮と下社秋宮があります。ご祭神は、「諏訪明神」です。

諏訪明神は、武勇の神として広く信仰され、東国第一の軍神として坂上田村麻呂や源頼朝、武田信玄、徳川家康の崇敬を集めたとされています。

その諏訪大社で行われるご神事に、「御頭祭」という不思議なお祭りがあるのです。

諏訪大社のご神体は、神奈備山《かむなびさん》（神のご神体として信仰を集める山）なのですが、なんとその山の名前が、「守屋山」というのです。

アブラハムがイサクを神に捧げようとした「モリヤの地」も、小高い山でした。「御頭祭」は、その守屋山の麓にある、「上社前宮」で執り行われるのです。

祭祀では、まず一五歳未満の少年が、神の使いとしての役割を果たします。

この少年は、「おこう」（「御神」あるいは「神使」と書く）と呼ばれ、「御贄柱」と呼ばれる柱に、「縛りつけられる」のです。つまり、「おこう」の少年は、生贄にされるわけです。

そして少年は、柱ごと竹のむしろの上に押し上げられます。つまり、生贄として捧げられたことを意味します。

そこには、刃物も置かれています。つまり、生贄として斬られることを象徴しているわけです。

しかし、その時に、諏訪の国司からの使者や神官が現れ、少年は解き放たれます。

この祭祀は、いまは見ることができませんが、江戸時代くらいまでは行われていたそうで、江戸時代の国学者、菅江真澄が記録を残しています。

この生贄とされる少年が、竹のむしろの上に置かれるところなど、イサクが縄で縛られ、薪の上に置かれた光景を連想させます。

さらに、このご神事では、実際に鹿が生贄として捧げられました。まるで、聖書でイサクの代わりに羊が生贄にされたことを、暗示しているかのようです。現在は、生きた鹿ではなく、剥製が用いられていますが、かつては、生きた鹿が、その場で屠られたそうです。

十戒の石板が納められた聖櫃は神輿にそっくり

『出エジプト記』第二五章一〇～二二節には、聖櫃のつくり方が示されています。

アカシア材で箱をつくりなさい。寸法は縦二・五アンマ（一一三センチ）、横一・五アンマ（六八センチ）、高さ一・五アンマ。純金で内側も外側も覆い、周囲に金の飾り縁をつくる。四つの金環を鋳造し、それを箱の四隅の脚に、すなわち箱の両側に二つずつつける。箱を担ぐために、アカシア材で棒をつくり、それを金で覆い、箱の両側につけた環に通したまま抜かずに置く。この箱に、私が与える掟の板を納めなさい。

次に、贖いの座を純金でつくりなさい。寸法は縦二・五アンマ、横一・五アンマとする。打ち出しつくりで一対のケルビム（天使）をつくり、贖いの座の両端、すなわち、一つを一方の端に、もう一つを他の端につけなさい。一対のケルビムを贖いの座の一部としてその両端につくる。一対のケルビムは顔を贖いの座に向けて向かい合い、翼を広げてそれを覆う。この贖いの座を箱の上に置いて蓋とし、その箱に私が与える掟の板を納める。

神輿にそっくりな聖櫃

この聖櫃は、いわば移動式の「神殿」でもありました。その姿形は、神社の御輿にそっくりです。

古代イスラエルの神官は、「タリート」と呼ばれる祈りの時にまとうショールと、「ツィツィート」という四つの房をつけた白装束で担いだとされています。

紀元前一〇〇〇年頃、ダビデ王は、聖櫃をエルサレムに運びましたが、その時の様子が聖書には次のように記されています。

「ダビデとイスラエルの長老と千人隊の長たちは共に行き、喜び祝って主の契約の箱を運び上げようとした。（中略）ダビデは白亜麻布の上衣を身にまとっていた。箱をかつぐすべてのレビ人も、詠唱者も、運搬長ケナンヤも同様であった。

イスラエルの人々はこぞって喜びの叫びをあげ、角笛とラッパを吹きならし、シンバルを鳴らし、一〇弦の琴と竪琴とを奏でて、主の契約の箱を運び上げた。主の契約の箱がダビデ王の町に着いた時、サウルの娘ミカルは、窓からこれを見下ろしていたが、ダビデ王がとびはねて喜び踊っているのを見た」

（『歴代誌』上一五章二五〜二九節）

この聖書に描かれた光景は、神社のお祭りで白装束の神職や祭りを盛り上げる人々が、神輿を担いで歓喜している姿にそっくりです。

聖櫃、つまり「アーク」は、モーセが神から与えられた「十戒」の石板を納めた、ユダヤ教の宝物でもあります。

日本のお祭りで、人々が「アーク」を担ぐ姿を見ると、遠い昔に、古代イスラエルの人々が、この日本にやってきて、どこかに「アーク」を隠したのではなかろうかと、ふっと、そんな不思議な思いを持ってしまいます。

神社のつくりは、「幕屋」に似ている

そもそも神道の神社のつくりは、神がモーセに指示してつくらせた「幕屋」に、よく似ています。

神がモーセにつくらせた「幕屋」は、紀元前一〇世紀にソロモン王によってつくられた神殿のモデルにもなっていますが、その構造は「幕屋」と同じです。

そして、日本の神社の構造は、古代イスラエルの神殿や「幕屋」に、そっくりなのです。古代イスラエルの神殿や幕屋は、本殿が西側に、そして門が東側にありました。神の栄光は、「東のほうから現れる」という信仰に基づきます。

神社も、東か南向きです。これも、太陽が東から昇り、南を通ることからだと思いますが、とても自然に受けいれられる共通点です。

古代イスラエルの神殿にも、幕屋にも、神聖なる敷地に入るには、門を通らなければなりませんでした。日本の神社にも、鳥居があります。

そして、古代イスラエルの神殿も幕屋にも、門をくぐるとほどなくして「洗盤」がありまし

た。そこで手を洗うのです。

そのやり方は、右手で左手に水をかけてから、今度は左手で右手を濡らす。これを交互に三回繰り返して行うのです。

実は、伊勢神宮を私が初めて訪れたのは、一九八六年のことでした。当時私は、松濤館流空手のイスラエル道場で師範をしており、東京での合同合宿の後、伊勢神宮を参拝する機会があったのです。

私が、日本人とイスラエル人の民族性や精神性、そして宗教性に至るまで、さまざまな共通点があることに気づかされたのは、その伊勢神宮を参拝したことがきっかけでした。

私がびっくりしたのは、伊勢神宮の入口に手水舎《ちょうずや》があり、参拝の前に手を洗い、口をすすぐことでした。柄杓《ひしゃく》を右手で握って水をすくい、左手を洗う。今度は柄杓を左手に持ち替えて右手を洗う。そしてまた柄杓を右手に持って、左手の平に水を注ぎ、その水で口をすすぐ。若干の作法の違いはあるものの、それは古代イスラエルの神殿や幕屋で、イスラエル人が行っていたことと、ほとんど同じでした。

さらに、神社全般のつくりが、古代イスラエルの神殿や幕屋と、これまたそっくりなのです。神社には、本殿の手前に拝殿があるというのが一般的です。小さな神社でも、おおよそそのようなつくりになっています。

神社の本殿にあたる建物は、古代イスラエルの神殿や幕屋では「至聖所《しせいじょ》」と呼ばれています。そこには大祭司が年に一度、大贖罪日にしか入ることが許されていませんでした。

拝殿にあたる建物は、「聖所」です。そこには、祭司しか入ることが許されませんでした。

研究者によると、ソロモン神殿の至聖所は、聖所よりも、一段高いところにあり、その間には二・七メートルの階段があったとされています。日本の神社も、拝殿と本殿がそのようなつくりになっているところが多いように見受けられます。

金属を使わない古代イスラエルの神殿

伊勢神宮で御正殿の前に辿り着き、ゆっくりと石段を上っていくと、実に素朴で清々しい社殿が姿を現しました。実に神々しいと思った瞬間、私の脳裏に聖書に書かれている言葉が、電流が走るように甦りました。

聖書には、「神への捧げ物をする神聖な祭壇を築く時には、自然からの素材だけを使用しなくてはならない」と、そう記されています。

御正殿は、唯一神明造と呼ばれ、すべて美しい檜の素木づくりで、屋根の萱なども装飾がまったくなく、わずかな覆い金物の他は、すべて自然の素材のみが使われていたのです。

伊勢神宮も古代イスラエルの神殿も、その建物は、どちらも神と人とを「むすぶ」聖なる場所で、どちらも自然の素材でつくられ、釘などの鉄を使わないという決まりがあったのです。

偶像を祈らない日本の神道

伊勢神宮の御正殿を覆っていたのは、聖なる、清らかな雰囲気でした。

静寂の中に、神官たちの祝詞《のりと》の声が響きわたり、その祈りに、私たちは深い畏敬の念を抱かずにはいられませんでした。

私たちイスラエル人が、偶像を神として拝むことをしないのと同じように、伊勢神宮などの神社には、偶像が存在していないのです。

そしてユダヤ教徒が、シナゴーグで、聖櫃《アーク》の方に向かって祈るのと同じように、神社でも神が鎮座しておられる方向に、祈りを捧げるのです。

私たちは、その時、聖なる御霊がその場に満ち、私たちを包んでおられるように感じたのです。

私たちは、伊勢神宮のその聖なる神域の雰囲気に、ただただ畏敬の念を深めるのみでした。

山伏もユダヤ教徒にそっくり

日本の神社も神職も、古代イスラエルの神殿や幕屋や祭司によく似ているのですが、もっと驚くのは山伏の姿です。

神道には、もともと山岳信仰があって、その流れに仏教の中でも密教が合流して、いまの修験道となっています。

ヒラクティリーをつけてショファールを吹くユダヤ教徒

その修験の山伏の姿が、これまたユダヤ教徒にそっくりなのです。

山伏の白装束はもちろんですが、山伏が額につける「兜巾《ときん》」という黒い容器が、ユダヤ教徒のいでたちとまったく同じなのです。

ユダヤ教徒は、礼拝や祈祷のためにヒラクティリーと呼ばれる黒い容器を額につけ、ひもで結びます。

そして修験の山伏は、法螺貝を吹くことで知られています。同様に、ユダヤ教徒も、ショファールという角笛を吹くのです。

その姿は、日本人には、山伏としか見えないのではないでしょうか。

禊もお祓いも、古代イスラエルのご神事

聖書では、水による清めの儀式が何度も言及されています。

ユダヤ教では、身を清める「禊」の儀式は「ミクベ」と呼ばれ、水槽の中で行われますが、川や海、あるいは泉でも行います。

日本の神道では、川面凡児《かわつらぼんじ》という神道家が、太古にあった「禊」の行法を復活させ、その行法は、神社本庁の神職の研修課程にも取り入れられています。

またお祓いの仕方についても、古代イスラエルの「罪穢れの祓い清め」と、日本の神道の修祓《しゅばつ》の儀式は、よく似ています。

ダビデ王は、「ヒソプをもって私の罪を除いて清めてください」(『詩篇』第五一篇七)と祈っています。

古代イスラエルでは、祭司たちがヒソプという植物を左右に揺り動かして、お清めやお祓いをしていました。

あるいは、『レビ記』第二三章四〇節には、「祭司は、初穂の束を主に向かって揺り動かし」と書かれています。古代イスラエル人は、初穂の束を左右上下に揺り動かしてお祓いもしていました。

また、いまでもユダヤ人は、「仮庵《かりいお》の祭り」の時に、植物の束を揺り動かすという風習を実践しています。その様子は、まるで神社で神職が修祓というお祓いの儀式をしている姿にそっくりです。

神社では神職が、「祓《はら》い幣《ぬさ》」という棒の先にギザギザした形の紙ををつけたものでお祓いをしていますが、昔は植物や穀物を使ってお祓いをしていたといいます。

ユダヤ教と神道は、塩によるお清めをする

相撲で力士が、塩を撒く作法がありますが、イスラエル人は、その意味がすぐにわかります。土俵という神聖な場所を、清めているのだと、そう思います。

日本の置塩の習慣も、同様です。もっと身近な例では、お葬式から戻った時に、宗派によっては塩を振り撒きます。お葬式が仏教寺院で行われたり、葬儀に仏教のお坊さんが来て法要を営むため、仏教の儀式のように思われているようですが、実は仏教に「塩でお清めをする」という伝統はありません。それは、日本古来の信仰である神道と、ユダヤ教の習慣なのです。

聖書の『レビ記』の第二章一三節には「あなたの捧げ物には、いつでも塩を添えて捧げなければならない」と書かれています。

ユダヤ教では、食事の時にパンに塩を振りかけますが、これも食卓を神聖な祭壇として清めるためなのです。

神前に塩を捧げるのも、古代イスラエルの風習なのです。

『民数記』第一八章一九節には、「永遠の塩の契約」についても、記されています。

ここまで紹介したユダヤと日本の不思議な絆は、ごく一部でしかありません。すべてを紹介したなら何冊もの本になってしまうでしょう。興味がおありの方は、ぜひそうした本も読んでみてください。イスラエルと日本の古代からの絆を感じることができるでしょう。

四国・剣山に失われた「聖櫃」はあるのか

平成三〇（二〇一八）年のお正月の新春特別番組として、私がユダヤの秘宝「失われた聖櫃《アーク》」が隠されているとされる四国の剣山《つるぎさん》へ赴いたことなどが、テレビ放映されました。また、淡路島での講演なども紹介され、一部で大きな反響を巻き起こしています。

剣山は、四国の中でも淡路島から近い、徳島県にあります。阿波踊りが有名ですが、剣山は、阿波市の南に位置し、標高一九五五メートルは、西日本で二番目に高い山となります。修験道の修行場で、霊山とも位置づけられています。

私を剣山へ案内してくださった地元の研究家の大杉博氏は、「この剣山こそが『高天原』で、そこは『高地性集落地域』だった」「剣山は『邪馬台国』であり、大和朝廷の発祥の地である」と、語っていました。こうしたさまざまな伝説に彩られているのが、剣山だといえるでしょう。

もちろん、私にとっての最大の関心事は、「失われた聖櫃」がこの剣山に隠されているという伝説があることです。

聖櫃には、「十戒の石板」の他に、「マナの壺」、「アロンの杖」が納められています。この三点は、まさに、イスラエルの「三種の神器」です。

剣山本宮の例大祭は七月一七日ですが、これは奇しくもノアの箱舟が、アララト山に漂着した日なのです。しかも、本宮の例大祭では、聖櫃とそっくりなお神輿を担いで山を登るお祭りが行われているのです。まるで、聖櫃をこの山に隠すために運んでいた姿を、神聖なる「ご神事」として伝統に残したかのようです。

聖書研究家だった高根正教《まさのり》氏は、資産家の内田文吉氏と角田清彦氏と共に、「剣山鉱区地質調査」のため、剣山山頂あたりの発掘作業を行っています。しかし実は、地質調査は建前であり、本当の目的は、「聖櫃の発掘」であったといいます。

その後、こうした「ソロモンの秘宝」には、八千億円の資産価値があるなどという噂も広まり、さまざまな人たちが「秘宝」の発掘を試みましたが、いまだに「聖櫃」は見つかっていません。

また、淡路島と剣山は、「かごめの歌」の解釈によって結びつけられてもいます。

六芒星の「ダビデの星」は、イスラエルの国章でもありますが、日本では「かごめ紋」と古くから呼ばれてきました。

剣山は、「ツルカメ山」とも呼ばれたそうで、「鶴岩」「亀岩」と呼ばれる岩や、「宝蔵岩」まであが存在しています。あとで名前がつけられたのでしょうが、何を暗示しているのでしょう。

「かごめの歌」の不思議な歌詞「鶴と亀がすべった／後ろの正面だあれ」という「後ろの正面」に位置するのが、淡路島から剣山を示した暗示であるとか、さまざまな解釈があるようです。

なお、戦後すぐにＧＨＱも剣山を調査しているし、日本の自衛隊も、剣山内部の調査をしていると言われています。

第四章　イスラエルと日本を結ぶ「黄金の三角形」

二つの民族に共通する「黄金の三角形」

ユダヤ教では、「三本の糸は切れることはない」といいます。

私は、イスラエルと日本には、その姿を形づくる「黄金の三角形」が存在していると、そう思うのです。

この三角形は、三つの最も根源的な、民族の魂を形づくる要素によって成り立っています。その三つの要素というのは、前述のように、信仰、民族、そして国です。

イスラエルになぞらえれば、聖書の信仰、イスラエルという神の民、そしてエレツ・イスラエル、すなわちイスラエルの聖地です。この三つが揃ってこそ、ユダヤ民族はその姿を保てるのです。

その三つの要素のうち、一つの要素でも失えば、それまで幾世代にもわたって賢明な指導者によって導かれてきた民族の歩みが失われかねません。

民族の始祖アブラハムから数えて四千年と、ユダヤ民族が世界で最も古い民族の一つとして残ることができたのは、まさに、この三つの要素の大切さを確信し続けたからでした。もしこの「黄金の三角形」を失えば、神話の民族としての独特な特徴を失ってしまうのです。

ユダヤ人は二千年間、国を失った時代でも、先祖が生き、祖国のあった地であるイスラエルを、片時も忘れることなく思い続けてきたのです。

これと似た形で、その独特な民族性を、神話の時代も含めて約二六八〇年近くも持ち続けているのが、日本人です。

日本人には、今日までも、信仰、民族、国という「黄金の三角形」が存在し続けています。

私が、この日本民族を構成している三つの要素についてお話しすると、神道の宮司であれ、大学の教授であれ、皆さん異口同音に共感してくださいます。

この三つの要素が日本人の特性となっており、その要素があるから日本に愛着を感じるのだということに、皆さん異論はないということでしょう。

まず、日本人の信仰というのは、生活の隅々に神道が生き続けていることがあげられます。そこから神道の大祭司である、天皇陛下や皇室への敬愛の念も生まれているのです。

また、民族的には、日本人は多様な民族が集まって一つの日本民族という形をつくってきたわけですが、一つの民族という意識を共有しています。

そして国としては、島国として常に独立を保ってきたのです。

このようなことを日本の方々にお話しすると、「確かに、すべての民族が信仰、民族、国という三つの要素を保ち続けているわけではない」と、皆さん感じられるようです。実際、日本民族のように二七〇〇年近くもその民族性を維持している民族は珍しいのです。むしろ、日本人だけが、信仰や民族国家という面で統一した存在を保つことができたともいえます。そこには、島国という地形的な特性もあったと思われます。

この「黄金の三角形」を護ることができなかった民族は、数多く存在しています。

もともとそれぞれの民族が独自の原始宗教を持っていましたが、例えばローマ人は、そうした宗教を失い、キリスト教国となったわけです。その他、エジプト人やギリシャ人など、数多くの例があります。そうした民族は、数千年にわたる長い歴史を持ってはいても、多くの場合、民族としての本来の要素を失っていることが多いのです。

日本人とユダヤ人が持つ三つの要素は、とてもよく似ていますが、それは、お互いの持つ民族の風習や宗教儀礼などが、とても似通ったものだからではないでしょうか。

■第一の要素――神への信仰

イスラエルにとっての聖書、モーセ、ヘブライ語

唯一神への信仰というのは、ユダヤ人の個人や集団、さらには民族全体を支える柱として、とても重要です。

神からイスラエルの民に与えられた聖書は、ユダヤ人にとって、神への信仰の基本であり、種ともいうべきものです。神への信仰、愛、畏敬の念、そして神への絶対的な服従は、ユダヤ民族の信仰の根本であり、土台です。

聖書は、ユダヤ民族の霊的な指導者であったモーセを通じて、神から民にもたらされました。聖書には、地上のすべての人々へのメッセージが秘められています。聖書には、こう記されています。

「隠れている多くのことで、現れないことはない」

三五〇〇年前、エジプトで奴隷生活を送っていたすべてのユダヤの民が立ち上がり、二〇歳

以上の男子六〇万人を含む、一〇〇万人以上のユダヤ人が、四〇〇年に及ぶ奴隷生活から脱出したのです。ユダヤ人たちは、民としてまとまってはいましたが、シナイ山でモーセの「十戒」が与えられるまでは、その心はバラバラだったのです。

『出エジプト記』の叙事詩は、その後、父から子へと数千年にわたって語り継がれ、そのことによってイスラエルの民族意識が高められ、聖書が神の言葉であるという信仰が、強く確信となっていったのです。

シナイ山で、モーセは「十戒」を授かりました。神との契約は石板に刻印され、神のメッセージとして民に伝えられたのです。その言葉は、「生き給う神の言葉」でした。この神の言葉は、聖書を通して数千年間、父から子へ、教師から生徒へと、口伝によって伝えられたのです。

死海写本の発見

神の言葉は、「聖なる言葉」で、それはヘブライ語で記されました。

数千年もの間、ユダヤ人が頑ななまでに、この神の言葉を口伝《くちづた》えにしながら、護ってきたことを証明したのが、一九四七年に発見された『死海文書（死海写本）』です。

『死海文書』は、荒れ野の乾いた気候のおかげで、二千年近くもの間、腐食せずに護られていたのです。この写本の中にヘブライ語で書かれていた内容は、なんとユダヤ人が口伝えしてきた聖書の内容と一致したのです。

それは、このヘブライ語で書かれた聖書の内容が、紀元七〇年の第二神殿崩壊から一九四八年にユダヤ人国家であるイスラエルが独立するまでの二千年間、離散状態のユダヤ人よって、口伝えで正しく語り伝えられたことを証明しているのです。つまり、ヘブライ語での伝承が、異国の地であっても護られたのです。この、ヘブライ語で書かれた聖書こそが、ユダヤ民族と神との結びつきを見事に証明しています。

ユダヤの聖書注解と伝統文化

ミシュナー＝神から与えられた聖書の律法には、さまざまな注釈があります。ユダヤ教の信仰と伝統を護るための律法が、聖書には書かれています。その聖書の律法を細かく説明したものが「口伝律法」です。その「口伝律法」をテーマ別に時代や生活様式に合わせて解釈したものが、ミシュナーです。二世紀末に「口伝律法」から宗教生活に関する規則を「六編」に編集したものです。

ゲマラー＝「口伝律法」やミシュナーも、個人の生活の細部にまでは触れていません。二千年ほど前、ラビと呼ばれるユダヤ教導師たちが、聖書に書かれた律法やミシュナーについて議論し、それらを日々の生活に合うよう細かく解釈したものが、ゲマラーです。

タルムード＝タルムードは、ユダヤ教口伝律法の総称です。特に、本文ミシュナーと、注釈ゲマラーのことを指し、生活・宗教・道徳に関する律法の集大成で、その時になされたさまざまな議論や研究など、結論に至るまでの行程を記したものです。その議論は、聖書の律法を深く考え、何が真実かを知るために大変役立ちます。タルムードの中でもいくつかの点においては、ユダヤ教のラビたちが結論や答えに至っていません。その部分をヘブライ語で「テイコ」と呼びます。

この「テイコ」という表現は、現在スポーツなどで引き分けや同点の意味で使われます。しかし、本来はヘブライ語の表現「テシベ　イプトール　コシヨット　ベバアヨッテ」の頭文字を合わせた表現です。この言葉の意味は、人間のような小さな存在には答えられないもので、神から預言者エリヤを送っていただく状態を表します。「テシベ」は、神の御手でつむじ風に乗って、天に引き上げられた預言者エリヤの別名です。

ハラハー＝人が、その日常生活の中で、自分の行動を自己点検するために書かれたユダヤの慣習法規をハラハーといいます。ミシュナーやゲマラーから派生した法ですが、ハラハーも一つの固定された法規ではなく、それに関するありとあらゆる解釈が載せてあります。

ミドラッシュ＝二千年前のユダヤ王国の滅亡で、ユダヤ民族が世界に離散し、以来、それぞれが住んでいる文化圏の違う場所に適応するためになされた解釈、地域によって違った解釈がその中には多く含まれています。それらのユダヤ賢者による聖書注解を、ミドラッシュと呼びます。いろいろな問題に対処するために議論が起こるたびに、正しい決定は何なのかを知るために、ユダヤ教では原点である聖書の律法や口伝律法などに立ち返るのです。そして正しい決定は何なのかを知るために、こまごまと論じているゲマラーなどに立ち返るのです。

日本民族にとっての神道

日本人の根底には、自然を尊び、神聖なものとして捉える心があります。それは年齢や住む場所に関わらず、また、信仰しているのが仏教か、キリスト教か、あるいはその他の宗教かに関わりなく、日本人が根底に持っているものです。

多くの日本人が、出産と同時に神道的な儀式を行うのは、日本人が伊邪那岐と伊邪那美という夫婦から始まったという神話に由来しています。

これは聖書に、人間はアダムとエヴァという、神によってつくられた夫婦から始まったと書かれてあるのと似ています。神への信仰と共に、自然を神聖なものと捉える考え方は、多くの日本人の精神生活の根底にある要素なのです。

神道は、日本民族にとって仏教など外来の宗教が入る以前の原初の信仰であり、民族の根底にあるものです。そして神道は、国の公式的な宗教だった時代もありました。

天皇陛下は、日本の神道の最高位の神官でもあられます。神話では、天皇陛下は天照大御神の子孫とされ、それゆえに、天皇が神であると考えられた時代もありました。

いずれにしても、皇室が神々の末裔であるという信仰が、日本民族を霊的に一つに結びつけているのです。

過去には、天皇陛下のお言葉が、日本人にとって神の言葉として尊ばれた時代もありました。それはイスラエルの指導者・モーセの言葉が「生ける神の言葉」であったのと同じことです。

日本語についていえば、中国から来た漢字を取り入れ、いままで日本語の概念には存在しなかった外来語も取り入れましたが、「日の本は言霊の幸《さきわう》ふ国」ともいい、人も、物事の存在も皆、「言《げん》は事《こと》」で、すべては言霊から現れると考えます。日本人は、日本語を神聖なるものと考えたのです。これは、ユダヤ人がヘブライ語に対して思うことと、まったく同じです。

ユダヤ教と神道は、他宗教への接し方に違いがあるにもかかわらず、数千年にわたって、それぞれの民族の心の奥底に残り続けてきました。

ユダヤ教では、根底にある聖書の信仰の本質を変えたり、つけ加えたりすることは、決してしてはならないとされています。その聖書の信仰の本質は、シナイ山における契約であり、私たちの父祖、アブラハム、イサク、ヤコブ（のちのイスラエル）、そしてモーセやダビデ王たちへの、神の約束に他なりません。

一方で神道は、他の宗教の考え方に対して非常に寛容であり、他の神をも神道の神々の中に加えてしまうような寛大さがあります。

大自然をはじめ、私たちの生活や自然に影響を与えるものすべてを、尊ぶべき「カミ」であるとする考え方も、神道にはあります。

一方、神道は伝道をしない宗教である、という点では、ユダヤ教に似ています。

双方とも、伝道者もおらず、他宗教の人に改宗を求めることもせず、その人の選択と決定に任せているのです。その結果、他の宗教から大きな影響や迫害を受けたにもかかわらず、二つの宗教はそれぞれの民族の心に残り続けたのです。

理解すべきことは、ユダヤ教の持つ宗教性、伝統、社会性というものが、普遍的な人間性、道徳というものを見出している点です。ユダヤ教の教えから世界全体に通じるさまざまな分野の習慣や知恵が生まれました。それは科学、社会、音楽、文化、経済、政治など、ほとんどすべての分野に及んでいます。キリスト教やイスラム教のような宗教も、もともとはユダヤ教から興った宗教です。その点、ユダヤ教は直接その宗教と関係がなくても、間口を開き、影響を与えてきたといえるのです。

神道とユダヤ教——信じる神の違いを超えて

ユダヤ民族は、その父祖たちと神との出会いの体験を通して、「唯一神」への信仰を持つようになりました。その唯一神とは、この地上とそこに住む、すべての生きとし生けるものをつくり、支配し給う唯一のお方です。

実際、聖書の中で神は、何人かの「神人《じにん》」や預言者の前に、幾度かその姿を現しています。最初は、神のつくられた初めての人類と言われるアダムとエヴァの前に、現れました。続いて、アダムとエヴァの息子のカインの前に現れ、さらに神にとても愛され、それゆえに死を見ずして天にあげられたと言われるエノクの前に現れました。

さらに、人間が神に背き、神が人間たちを滅ぼそうとされた時に、箱舟をつくるように命じられ、助かったノアの前にも、神は現れました。

そしてその後に、ユダヤ人の始祖であり、ノアから九代目のアブラハムをこの地上の代表とされたのでした。

聖書の物語の中には、神が地上に住むすべての人々の中から、ユダヤ人の父祖となるアブラハムを選ばれた様子が記されています。

「あなたは国を出て、親族にわかれ、父の家を離れ、私が示す地に行きなさい。私はあなたを大いなる国民とし、あなたを祝福し、あなたの名を大きくしよう。あなたは祝福の基となるであろう」

(『創世記』第一二章一〜二節)

この言葉をアブラハムが神から聞いたのは、紀元前一八世紀の頃です。この後、神はアブラハムに厳しい試練を課されました。それらの試みとは、彼の妻がその土地その土地の王によって奪われそうになったり、やっと与えられた一人息子のイサクを神に捧げるように命じられたり、といったことでした。

イスラエルのユダヤ人が使うヘブライ語に、「アビーヌー(われらの父祖)」という表現があります。これは、ユダヤ人の大本の父であるアブラハム、その息子イサク、そしてイサクの息子ヤコブを指す、特別な表現なのです。そして、その三番目の父祖であるヤコブが、後に改名してイスラエルという名前になったのです。現代のイスラエルという国名の由来でもあります。

聖書の中の物語には、一つひとつに深い意味があり、一見、普通の歴史物語とも思える内容にも、人知をはるかに超えた神の意志が記されているのです。だからこそ、ユダヤ人にとって、聖書の学びは一生涯、ずっと続くのです。

ユダヤ教では、神はすべての場所におられ、すべてのことは神によって決められている、と考えられているのです。ユダヤ教の祈祷書の中には、「その栄光は全地に満つ」とか「光を生み出し、また闇を創造される方は、平和をつくり、すべてを創造される」とあります。

そして、それに引き続き「神は憐れみをもって、地上すべての人の住むところに光を与えられる。そして毎日、神は創造の御業を繰り返しておられる」と、書かれています。

それは、人が祈る時に神の力を思い、神が世界をつくられ、そこに私たちが生きているという事実を思い起こし、日々の生活の中に、神の力が大きく影響し、どのような時にも、人間が神の御業の中にあるということを、自覚するために書かれているのです。

神道における八百万の神々

聖書の『創世記』において、天地創造の七日の後、アダムとエヴァという最初の人間がエデンの園においてつくられたと書かれています。初めは裸で平気だった彼らが、知恵の木の実を食べた途端に、そのことに恥じらいを感じるようになったというお話です。

『古事記』の中にも、似たような話があります。伊邪那岐と伊邪那美という男女の神が、お互いの身体に欠けたところと、余ったところがあるのを発見するのです。それは、お互いに裸であることを認知することでもあります。そして、それらの部分をお互いに補い合って、他の神や国々、そして日本国民を生み出した、という「国生みの物語」です。

神道における日本の神話においては、混沌とした状況から抜け出した後に、天と地の間に神々が現れたと言われ、その神々の数は何と八百万と言われます。複数の神々が存在するという点においても、また、その神話に関しても、一見すると神道の考え方は、ユダヤ教とは完全に違うもののように見えます。

神道の神々について明らかなのは、八百万《やおよろず》の神というこれらの非常に多くの神々の数というのは、人間の存在するすべての場所や広い生活の分野に、神の力が存在し、影響を与えていることを象徴しています。

そして、その神というのは、太陽であったり、星や山々、川、雨だったりするのです。そして最終的には人も神となります。

もし神道を、十とか百など複数の神々が存在する多神教である、という概念で捉えるならば、それは、神はただ一人であるというユダヤ教の信仰とは相容れない考え方ということになってしまいます。

しかし、神道でいう「八百万の神々」というのは、すべての場所に神様は臨在（遍在）している、ということの象徴であるといえます。そして「自然」そのものが、大いなる至高の神であると、そう信じている人もいます。

すべての場所に神が存在する、ということは、神はどこにでも見出すことができる。そしてそれは、「神の栄光は全地に満つ」というユダヤの教え、考え方と同じことではないでしょうか。また、神々の存在が人間の行動と似ているという点も、矛盾はしていません。違いは、単にその表現方法と定義が違うだけです。

例えば、『古事記』に出てくる伊邪那岐の神と伊邪那岐の神が、お互いの欠けたる部分と余りたる部分とに気づき、性的関係を持つことにより、違う神々や日本の国が生まれたのです。同様に、聖書のアダムとエヴァの物語も、彼らを人間として見るのではなく、神々として見るならば、神によって「アダム」と「エヴァ」がつくられた後に、彼ら二人によって人間が生まれたと見ることもできるのです。

また、神の使いの天使についても、ユダヤ教の聖書ではただの使いではなく、神々として描くこともできます。そして例えば、預言者のエリヤなども、もちろん初めは人間でしたが、後に神の使いになったと言われています。それはまさに、神道でいうところの神そのものです。また、神の使いや天使などと言われるガブリエルやミハエルといった大天使も、同様です。

さらに、そこには翻訳の問題もあります。英語の聖書の「ゴッド」やヘブライ語の「エロヒーム」を、日本語では「神」と訳していますが、日本の神というのは、ユダヤ教やキリスト教でいうような全知全能の神とか、創造主という意味ではなく、人間の能力を超える者、つまり人間より上位にくる偉いものをすべて、「カミ」と呼んでいます。

本居宣長などによると、神は尋常ではなく、すぐれた徳のあるものであり、畏敬を感じさせるものであるならば、人間でも自然でも、神になるとしています。

また日本における、天皇陛下が神の末裔であるとされる、いわゆる天孫降臨の考え方も、ユダヤ教の考え方と、なんら矛盾することはありません。聖書には、神々が地上に降りて人間の女性を娶り、そこから勇者が生まれたというような記述もあります。そして、それらの勇士たちも、神から生まれたわけですから、神である、とも考えられます。

「敬神崇祖」は、ユダヤ教の信仰でもある

ユダヤ教においても、また神道においても、「至高なる大いなる力」というものを信じています。そしてそれが、神とか大自然であるとされているのです。これら二つの信仰には、神や天使、聖霊が存在し、そうした存在がこの地上での生活や存在するものすべてに対して、影響力を持つと信じられているのです。

神道では、「敬神崇祖」といって、神々を敬い、先祖に感謝することが大切であるとされています。

例えば、お米の刈り入れの時期に、「お祭り」が地域の神社で行われますが、その時に人々は、祖霊である神々がやってきて、農作物を護り、豊作であることを願うとされています。そこで神々には、お酒やお米が奉納されます。

ユダヤ教においても、「敬神崇祖」に通じるような祈りがあります。それは、私たちの亡くなった父祖への祈りです。

それは過去において、父祖たちが培《つちか》った神との関係において、私たちを助けてくれるように祈るのです。そしてまた、天使に対しても、私たちを祝福し、助けてくれるようにと特別な祈りをすることもあります。

例えば、ユダヤの「過ぎ越しの祭り」の時には、ユダヤ民族にとって偉大な父祖である「預言者エリヤ」を迎えるために、食事のテーブルにワイン（神道のお酒に相当する）をなみなみとついだグラスを、エリヤのために設けられた席に置いて、扉を開けっぱなしにするのです。そしてユダヤの父祖たちのことを「我々の父」と呼んだり、「天使」と呼んだりします。しかし、これは「神々」と言い換えることもできるのではないでしょうか。

無宗教と無関心は違う！　日本人は、宗教的な民族だ

日本人は宗教的に無関心、時には無宗教な民族だとも言われます。

確かに、表面的に見れば、ユダヤ人が宗教に対して非常に厳格な民族であるのに対して、日本民族はそれほど厳格ではありません。

ユダヤ民族とは、ユダヤ教という宗教によってその存在が興り、それを固く護り続けることによって、今日まで生き延びてきた民族です。そこには、長い間他国を流浪した歴史があり、他民族に同化しないために、宗教も排他的にならざるを得ない事情があったのです。

イスラエル民族における宗教観とは、その人がユダヤ教徒か異教徒（非ユダヤ人）か、という考えの上に成り立っています。だから、日本人のように、神道を信じる者もいれば仏教徒も

おり、その他にも儒教やキリスト教などを信じるさまざまな人がいるといったような、同じ民族の中に複数の宗教を信じる人が存在することは、考えられないのです。

それに比べ、日本は島国で、四方を海に囲まれているため、他民族に同化される危機も比較的少なかったといえます。それゆえ、他の宗教や思想の影響をも自在に取り入れる神道に根ざした日本人が、宗教的に寛容になるのはあたりまえのことです。

日本人の顕著な例としては、多くの日本人は生まれた時には神道の神社にお参りし、キリスト教の教会で結婚式を挙げ、お葬式は仏式だったりするのです。私が出会った多くの日本人も、宗教による対立など理解できない、と言うのです。それは日本人が、複数の宗教が混在し、協調することになんら問題を感じていないからでしょう。

しかし、それは初めからそうだったわけではありません。五三八年の元興寺《がんごうじ》縁起にあるように、仏教が大陸から伝来してきた時には、日本人はそれを拒み、対立したのです。また、一五四九年にフランシスコ・ザビエルによってキリスト教が伝えられた時にも、最初は受けいれましたが、後には大変な迫害があったことも忘れてはなりません。

今日の日本人は、宗教にはとても寛容です。このため、多くの日本人は諸宗教や他民族に比べて、自分たちが特定の宗教に偏っている民族だとは思っていないし、ユダヤ民族のように宗教色が強いとは思っていません。その結果、日本人からは「自分は無神論者である」というような発言を聞くことがよくあるのです。

しかし私は、本当にそうだろうかと、思うのです。日本人は宗教に無関心ではないし、無宗教でもないと思うのです。ただ、普段の生活の中に宗教が溶け込んでいるため、宗教を強く意識していないだけのことではないかと思っています。

つまり、日本人が意識するかしないかに関わらず、その根底には神道があるように思うのです。だから、日本での生活の周りには、知らず知らずに神々が祀られ、それが日常に溶け込んでいたりするのです。

例えば、正月を迎える時、年の暮れに大掃除をして家を清め、玄関には注連縄や門松を立てます。また、床の間には鏡餅を置き、新年にはお屠蘇《とそ》をいただきます。これは新しい年を迎えるためには古いものや穢れを清め、新たな年を迎え入れ、その年の平安と繁栄を願うという、日本人の祈りのこもった行為なのです。屠蘇とは、その漢字の意味のごとく、古きを葬り、蘇生することなのです。

正月を迎えると、多くの日本人は神社に初詣に出かけます。また、特定の信仰の信者でなくとも、御来光を仰ぎ、手を合わせて年の初めの祈りを捧げる姿は、とても宗教的です。

神道の影響は正月だけでなく、日本人が誕生し、成長してゆく過程にも見られます。新しい生命の誕生の前、夫婦やその親たちは、神社で安産を祈願します。そして出生から男の子は三一日目、女の子は三三日目に初めて、神社にお参りをします。この初宮《はつみや》参りでは、氏神に誕生を報告し、これからの成長を見守ってくれるように祈願をします。

その後、子供たちを待っているのが、一一月一五日の「七五三」です。七歳、五歳、三歳の子供たちが、晴れ着姿に身を包んで、神社にお参りし、これまでの子供の成長を感謝し、これからの成長を祈るのです。

土地の神々に祈る

家やビルが新築される時に、その建築主や土木工事の施工者が、神々に土地の使用の許しを請い、工事が無事に進行するようにと祈願する、これが地鎮祭《じちんさい》です。

建物が完成し、入居する前に新しい家やビルを祓い清め、それらが安全であるように祈る儀式を、竣工祭《しゅんこうさい》といいます。

もう一つ、交通安全のお札やお守りがあります。おそらく、特定の宗教へのこだわりのある人でない限り、日本人のほとんどの車には、交通安全のお札が飾られているのではないでしょうか。私はそうした風景に関心を持っていたので、幾人かの日本人の方にその気持ちを聞いてみたところ、「なんとなく。ないと気持ちが悪い」「毎年お正月に、新しいお札をもらって取り替えている」「目の前にお札が下がっていることで、安全運転の大切さを気づかされる」などという答えが返ってきました。

このように、日本人の生活のいたるところに、神道は生きているのです。

神道には、ユダヤ教のように、はっきりと書かれた教理や戒律というものがあるわけではありません。しかし、日々の生活の中で、護るべき宗教的な習慣というものがあります。これは、日本人にとって日々の生活規範です。

その宗教的な基盤としてあるのは、以下の四つです。

一、誠と呼ばれる精神性、あるいは「道」という生きざま。
二、創造的な力を生む無私の精神。出生や成人式、結婚式などに伴う家族の伝統。
三、神への信仰につながる自然への愛着や、その神聖さへの畏敬の念。お祓いやお清め。
四、お祭りの祭礼や、神や先祖に捧げる神事としての神楽。

日本人は宗教的な儀式を大切にする

某テレビ局の社長に、できたばかりの新しい社屋に招かれたことがありました。その時に、「日本人にとって世界中で起きている宗教間の紛争、特に中東地域での紛争というものが、よく理解できない」と言われました。

実は多くの日本人が同様のことを言うのですが、その背景としては、

一、日本人は宗教的に厳格な民族でない代わりに、他宗教に対して非常にオープンかつ寛容である。

二、このため、宗教間の対立自体が理解しがたく、なぜそうした紛争が簡単に解決できないのかがわからない。

以上の理由が挙げられます。

そこで私は、「日本人が宗教に対して非常にオープンであり、違った宗教の教儀や儀式をいろいろと取り入れているという点は認めますが、そのことが『日本人は宗教的ではない』ということを意味しているわけではないのですよ」と答えました。

私の目には、日本人は、非常に宗教的な民族であり、皆が神道に根ざしているように映るのです。それは、キリスト教を信じる日本人であっても、仏教徒であっても同様です。

そして、言うまでもなく、多くの日本人が「日嗣《ひつぎ》の御子《みこ》」であらせられ、神道の最高位の神

官でもあらせられる天皇陛下を、尊敬しているのです。

そうした私の説明を聞いたその社長は、少し考え、微笑んでこう言いました。

「おそらくあなたは、私たち日本人以上に、日本人について知っておられるのですね。日本人が皆、神道に根ざしているという点については、私もまったく同感です。実は、この新しい社屋を建てるにあたり、この最上階に神道の神棚をつくりました。そして最後の週（それは二月の旧正月の日）に、ほとんどすべての作業員が神棚の前に集まり、日本の古い伝統に則って、礼拝を行ったのです」

そして社長は、こうつけ加えられました。

「考えてみれば、初めから神棚を供えておりましたし、私も作業員もそこでお参りをしておりました。無意識のうちに、宗教的な行動をとっていたのですね。そしてそれは、私の内側から現れた信仰心だったんですね」

確かに日本人は、諸宗教に対して、とても寛容です。しかし、前述したようなことから見てもわかるように、日本人は非常に宗教的伝統や行事を熱心に護る民族だということがわかります。そしてそれは、単に伝統を踏襲しているという程度ではなく、日本人の心の奥深くにある宗教心から出ていることなのです。この点が、非常にユダヤ人と似ています。

■第二の要素――国、神聖な地

イスラエルの地とエルサレム

ユダヤの民とイスラエルの地のドラマは、帰還と、離散の苦しみの繰り返しです。

しかし、ユダヤの信仰によると、イスラエルの地を選んだのはユダヤ民族ではなく、神の選択であり、決定なのです。

それゆえ、ユダヤ民族にとって、イスラエルの地の他に祖国はないのです。ハラハーと呼ばれる、ユダヤの慣習法規には、ユダヤ人はイスラエルの地にだけ住むことが許されると、書かれています。そこには、シュミターと呼ばれる七年に一度の土地の安息年についてや、エルサレムの都への巡礼など、イスラエルの地で行う、聖書で神に定められた多くの律法についての、こまごまとした法規もあります。

それゆえに、ユダヤ人は、イスラエルの地でなければ、完全なユダヤ民族としては生きていくことができないのです。ユダヤの偉大な指導者・モーセの後を継いだヨシュアは、イスラエルの地に帰還し、ヨルダン川の両岸にまたがる地に、イスラエルの「一二部族」を住まわせました。イスラエルの中心であった「会見の幕屋」には、聖櫃と聖なる装飾品が置かれていました。それは、サマリアのシロという場所にあったのです。

その四〇〇年後（いまから約三千年前）、ユダヤ王国の第二代目の王ダビデは、サマリアのシロにあった「会見の幕屋」の装飾品を、エルサレムのモリヤ山に移したのです。しかし、聖櫃やメノラーと呼ばれる七枝の燭台、「会見の幕屋」そのものはエルサレムには、移動させませんでした。

ダビデ王の息子にあたるソロモン王の時代になって、エルサレムのモリヤ山の上に神殿を建てて、そこへ聖櫃などを移しました。ダビデ王やソロモン王が神殿をモリヤ山に築いたのは、それより千年ほど前に、神がアブラハムに命じられたことと関連しています。

約束は時間を超えて受け継がれる

その神勅から千年後、ダビデ王は実際に、父祖であるアブラハムの歩みを受け継ぎ、エルサレムのモリヤ山という、父祖アブラハムの神への絶対の信仰が認められた場所に、ユダヤの神殿を築いたのです。

アブラハムの歩みを継ぐことによって、きたる将来、ダビデ王の末裔からメシア（救い主）が現れるであろうと、そう神は約束されたのです。

聖書の中で、聖なる都エルサレムには、多くの呼び名があります。

しかし、最も一般的なな呼び方は、「シオン」です。その名「シオン」は、祈りや祈祷、さまざまな徴《しるし》に用いられています。

アブラハムやダビデ王の時代から、エルサレムは、聖なる地イスラエルの、地理的にも精神的にも中心でした。

二千年間の離散の時代に、ユダヤ人は一日に三度、祈りを捧げてきました。その祈りの中で繰り返されてきたのは、「憐れみによって、私たちにふたたびシオンを見させてください」という言葉です。

シオンへの帰還、それはすべてのユダヤ人にとっての夢であり、切なる願いでした。同時に、神との新しい関係であり、ユダヤ人が、その地に存在することの宣言でもあったのです。

最も大切なことは、シオンすなわちエルサレムなしでは、ユダヤ人の精神を失うことになってしまい、民族としての存在そのものを失うことになってしまうのです。

「神州日本」は神々の住み給う地

このように、ユダヤ人と呼ばれる人や人種が存在したとしても、イスラエルの地や聖なる都エルサレムを持たないならば、私たちは自分自身をユダヤ人と見なすことはできないのです。同様に、日本の国土がなければ、日本人は、自分たちを日本人や日本民族として見ることはできないはずです。

幸運なことに、日本人は日本列島から立ち退きを命じられたり、離散させられたりすることは、これまで一度もありませんでした。それゆえ、日本人が、日本列島のない日本人というのを想像するのは難しいかもしれません。

しかし、かつての日本人は、祖国を護るために、最後の一人になっても死ぬまで戦おうとする気概がありました。

日本の神道の信仰や、その神話によると、すでに述べたように、日本列島はある一組の神々から生まれた聖なる地、「神州《しんしゅう》」であるのです。

そして、そこに住む他の神々は、その一組の神々から生まれたと考えられています。

天照大御神は、孫の邇邇芸命を日本に遣わし、邇邇芸命が、その聖なる地を、豊かにし、治めることを約束したのです。

『日本書紀』の「天壌無窮の神勅」に書かれている神勅の言霊は、ユダヤの父祖アブラハムが神の手によってイスラエルに送られたことを思い起こさせます。

二つの民族は、それぞれの地を、精神的にも物質的にも、民族存在の一部と考えています。その地は、神によって選ばれたものなのです。どちらの民族にとっても、それは、永遠に「神州《ディヴァインランド》」であり、生みの子である子孫が住むべき住処であるのです。

それは、神がその民族に与えた「神勅」によって定められた、つまり神により与えられた「神州」なのです。

■第三の要素——民族と部族、選ばれた民

単一民族としての自覚

ユダヤ人は、国際的な民族であると言われます。確かにそういう面はあるでしょう。ロシアや東欧、イエメン、西欧、北アメリカ、南米、アジア、北アフリカ、その他、世界中の国に離散し、およそ百年前からイスラエルの地に帰還し始めました。このため、肌の色など見た目をはじめ、その根ざしている文化も言語も、まったく違っています。

それにもかかわらず、私たちは、自分たちのことを一つの民族であると考えています。イスラエル民族は、国境を超えた存在でもあるのです。

日本においても、生まれ育った地域により、方言や生活習慣の多少の違いなどは存在するでしょう。しかし、日本人は一つの民族としての自覚のもとに、まとまっています。

日本人が大和朝廷のもとに一つにまとまったのは、二世紀か三世紀頃と推定されています。しかし神話によれば、初代天皇は、紀元前六六〇年頃に即位したとされています。いずれにせよ、数千年にわたる島国での生活の中で、最初はいくつかの部族ごとに分かれていたものが、一つにまとまり、一つの言語を話す民族となっていったのです。

ユダヤ民族の父祖イスラエル

アブラハムには、イサクとイシュマエルという二人の息子がいました。そのイシュマエルから生まれたのが、アラブ民族とされています。

したがって、ユダヤ人とアラブ人は、従兄弟の関係にあるのです。

イサクには、ヤコブ（後のイスラエル）とエソウという二人の息子がいました。そのエソウの子孫によってエドム王国という国が築かれましたが、その後にどうなったのか、いまもわかっていません。しかし、中東にそういった人々が存在したことだけはわかっています。

三代目のヤコブには、一二人の息子と娘が一人おりました。この一二人の息子が、後にイスラエルの一二部族となるのです。

しかし、ここで注意が必要です。一二人の息子がそれぞれ部族となったわけではなく、まずヤコブの息子・ヨセフは、自身ではなく二人の息子エフライムとマナセがそれぞれ部族となりました。だから実際は一三部族となるはずでしたが、同じくヤコブの息子・レビは、神からモーセに示された命によって神事、主に聖所においてコーヘン（祭司）に仕え、祭司がユダヤ教の祭儀を行うのを手伝うようになったため、レビ族は一二部族からからはずされたのです。

ユダヤの一二部族

紀元前七二二年頃、北イスラエル王国の一〇部族は、イスラエルの地から連れ去られてしまいます。しかし、ユダ族とレビ族を含むベニヤミン族は、紀元七〇年までユダ王国として存在し続け、やがてローマ軍によって国を滅ぼされ、各地に散らされてしまいます。

ローマ軍によって各地に散らされた後も、それぞれの地にあって、ユダ族とベニヤミン族は、二千年間も消えることなく存続し続けたのです。そこにはもちろん、祭司・コーヘンやレビ族も含まれています。

いまでも時々、ユダヤ教との接点を思わせる習慣や徴が、世界各地の宗教や異民族の中で指摘されることがあります。中には、自らをユダヤ人であると認める人もいます。

ユダヤ教徒として独自に信仰を護り、エチオピアで発見されてイスラエルに帰還したユダヤ人の例や、ミャンマーの少数民族シンルンのように、「自分たちは『失われた一〇部族』の中のメナセ族の末裔だ」と主張する人もいます。このような例が、まだいくつも見られます。

しかし、日本人との比較で重要なのは、それらの人々が自分たちを「ユダヤ民族である」と考えている点で、単にユダヤ教を信仰しているというだけでなく、一つの大きな家族に所属していると、思っていることです。そしてそこには、共通の責任感があるのです。

神のメッセージを伝える使命

ユダヤ民族には、神のメッセージを世界に届けるという使命があります。それは世界中の人々をユダヤ教に改宗させようとか、ユダヤ人に変えようというような目的ではありません。

それぞれの民族が、そのあるべき姿でいられるように、そして人間として正しく道徳的で、信仰的な生き方ができるように、神の言葉を伝えようとしているのです。

ユダヤ人は、ミッションのように宣教活動は行わず、他の人にユダヤ教を強要するようなことはしません。むしろユダヤ教そのものが、ユダヤ教に改宗したいと希望する人に対して、困難な条件や障害を設けているくらいです。

そうした障害は、その希望が深い信仰から出ているものであるかどうかを確認するために設けられたのです。

このようにして、ユダヤ民族は、数千年にわたって他民族の中にあって孤独を護り続け、「他から隔離された民」とまで言われました。日本語で「ガイジン（外人）」という呼び方がありますが、ヘブライ語ではユダヤ人でない人のことを「ゴイ」と呼ぶのです。その意味するところは、まさにガイジン、外の人のことなのです。

ユダヤ人は、各地に離散している時代に、他の民族とは違った、一見孤立をしているような行動がもとで、数千年の間、何度も迫害や絶滅計画の対象にされ、宗教的な侮辱にも遭いました。

他の人々とは違った独自の生活様式を持つうえ、イスラエルの民として、なくてはならない特別な側面を護り続けてきたユダヤ人は、時の政府や権力者によって嫌われたのです。

ユダヤ人は、四千年もの間、イスラエルの地に出たり入ったりを繰り返しました。ヤコブの一二人の息子たちの時代にエジプトに南下し、四百年の苦難のエジプト時代を生き、そしてエジプトを出てからは四〇年間も荒野を彷徨《さまよ》い、エジプト時代を知る大人の世代がすべて死に絶えた後に、残った新しい世代がイスラエルの地に入ったのです。

その後の一五〇〇年間も、何度もイスラエルの地への出入りを繰り返しました。そして二千年前にふたたび国が滅ぼされ、各地に離散してからも、世界各地にあって、聖書と信仰、希望、そして聖なる都エルサレムに帰るという夢を護り続けたのです。

日本人の民族としてのアイデンティティ

日本人の場合は、島国の住人であった結果、日本の国と日本人は、他の地域から切り離され、他からあまり干渉されることなく、他国の文化や習慣に関しても、日本人にとって都合のよいものだけを享受することができました。

そうして独自の言語や信仰（神道）を持ち続け、古くからのしきたりや伝統を護り、天皇を中心とした国柄を保ってきました。

そして長い年月をかけて日本民族としての強い自覚（愛国心）を生み、それは時に自分の属する集団や家族、藩、そして国のために献身するという心を育み、自己犠牲をも厭わない精神性を養ったのです。こうした日本人であるという自覚は、時を経るごとに強められ、それは郷土や文化、そして国や民族への誇りとなり、やがて自分たちは他の民族とは違うという自覚を持つようになったのです。

日本人であるという自覚は、日本人家族が海外に出ると顕著に現れます。例えば、外国にある日本人コミュニティで生まれた日本人に、西洋人が「あなたは中国人ですか、台湾人ですか、それとも日本人ですか？」と尋ねたとします。

するとと彼は、強い口調で「日本人だ！」と答えるでしょう。「誇り高き孤独」ともいうべき日本人に根づいた民族の誇りは、日本人特有の行動を生み出します。そして最初にも述べたように、他の民族から孤立し、特有の違った行動を取るのです。

日本民族の特徴は、もちろん民族の古い歴史や神話とのつながりを持つ文化や伝統と関連しています。さらに言うならば、それは初代天皇である神武天皇にまで遡るのです。なぜなら、神武天皇の東征、そして建国により各地の部族が一つに結びつけられて統一国家が成立した、その神武天皇の歩みは、今日まで日本人を一つに結びつけているからです。

このように、ユダヤ人と日本人は、その哲学や考え方の違い、また地理的な条件などから、周りの民族から孤立するようになりました。

ユダヤ人は、時には海によって隔てられ、時には敵の手によってのけ者にされて孤立してきました。また、日本人は島国という地理的理由から数千年にわたって孤立し、独立を護ってきました。

日本人とユダヤ人――二つの民族は、それぞれその部族としての特徴を護ったのです。その結果、日本人とユダヤ人は、さまざまな部分で、共通点が見られるのです。

第五章　「武士道」は神話の時代から育まれた

神話がいまも生きているユダヤ民族

それぞれの国には、その国が建国された背景があります。

特に古代からの長い歴史のある国は、神話や伝説を、その国の建国の物語に内包しています。

イスラエルを例に取れば、その原点は、聖書です。

イギリスの歴史家アーノルド・トインビーは、「ユダヤ民族が現存すること自体が、奇跡である」と、喝破しています。どういう意味で、トインビー氏がそう言われたのか、その真意はわかりません。しかし、聖書に預言されたイスラエル民族が、三度も祖国を失い、二千年余の長い年月の間、世界で迫害を受けながらも民族として生き残り、一九四八（昭和二三）年に祖国を再建したことは、ドラマチックな「神話」と言っていいでしょう。

それは、イスラエル民族にとって、新たな「民族の叙事詩」でした。

イスラエル人も、日本人も、実は、太古からの神話の中にいまも生きているのです。

日本の「武の精神」は神話の時代に遡る

日本の初代天皇の「諡号《し》」、つまり贈り名は何でしょうか。

初代天皇の名は、神武といいますね。

なぜ、神武という諡号が贈られたのか。それは、「神」と「武」というものが、神代からの日本の精神を象徴していたからに他なりません。

つまり、日本は「神」を中心としている国であり、「武」の精神を内包している国であるということです。

明治維新は、「神武創業の精神に立ち返る」という意識が根底にありました。

そうです、創業の精神です。

その創業の精神というのが、「神」であり「武」であると、そう言ってもいいでしょう。

「八百万の神々」がおわします日本は、「神々の国」です。

ユダヤ教徒の私は、神を信じています。

日々、神の存在を感じ、神の意志を慮《おもんばか》りながら、生きています。神の意志を、「忖度」して、一つひとつの決断の基準としています。

そんな私にとって、「神々」の住まわれる「神州日本」は、決して異教の地ではないのです。

どこにでも神が存在するという日本は、多神教の国とされています。しかし、よく考えてみてください。どこにでも神が臨在するということは、あらゆるところに神がいるという意味です。神の遍在。それはつまり、神は一つの存在であるということにつながります。

神は、あらゆるところに遍在しているのです。

そして私にとって、日本の武道は、私の人生の中で重要な位置を占めています。

大島劼師範（左）と著者

私は、イスラエル松濤館流空手道協会会長で、師範（五段）でもあります。

そんな私は、日本の武の精神を極めてゆく中で、その原点が日本の神話にあることに気づいたのです。そのことを、我が空手の師である大島劼《つとむ》師範に伝えると、師は驚いた様子でした。

大島先生は、近代空手の創始者である船越義珍《ぎちん》先生の弟子で、松濤館流空手を世界に広めた方です。大島先生については、これまでも私の著書で語ってきましたので、ここでは

「武の精神」について、さらに深く掘り下げたいと思います。

武の精神とは、とどのつまり、「平和を実現する、戦いをやめさせる心のこと」をいうのです。

太平を開く力であり、戦いを未然に防ぎ、いたずらに犠牲者を出さない術《すべ》でもあります。

漢字の「武」という字は、「矛《ほこ》を止める」という意味を表しています。

居丈高に挑発をして暴力を誇示することと正反対の精神であり、もちろん暴力を肯定するものではまったくありません。

しかし、自らを護るために、大切なものを護るために、力の行使を否定するものでもありません。

武の精神は神の理想の実現にある

思いや祈りだけでは、平和を実現することはできません。そこには、「武」の精神を裏づける「力」、実力が不可欠なのです。「正当防衛」を行使する実力と言ってもいいでしょう。その力があってこそ、「武」は成り立ちます。

そして、「武」の精神とは、「神」の理想を実現するものでもあるのです。

私がユダヤ教徒だから、そう言っていると思われるかもしれませんが、そうではありません。

『古事記』、『日本書紀』を読めば、武の精神は、もともとは「神の理想を実現するもの」であることが、自ずとわかってきます。

神の理想とは、究極の秩序です。秩序の中に現れる平和な世界を意味するのです。平和であっても、無秩序であれば、それは神の姿の現れではありません。

このことは、宇宙や大自然を観察すればわかります。宇宙も大自然も、我々の人体すらも、大いなる意思の秩序のもとに生きている。その秩序を乱すことが、日本流にいえば「罪、穢れ」であるといえるでしょう。

「武士道」は、武士という地位と職業が確立し、武家政権が成立した鎌倉時代に始まったのではないのです。

「武士」と言われる身分や職業が生まれるはるか以前から、日本には、「武」の精神が存在していました。神話の時代から、「武人」たちがいたのです。

こうした日本の神話が伝承するものは、正しく、神々が織り成す「武」の精神の錦絵《タペストリー》ともいえるでしょう。

神の御心である、秩序と太平を実現させるのが、「武」の精神なのです。

高天原を防衛するため武装した天照大御神

日本の「武」の精神は、神話の時代に、すでにその姿を神々によって示されていました。

伊邪那岐の禊によって生まれたのが、「三貴子」と呼ばれる神々でした。左目から天照大御神、右目からは月読命《つきよみのみこと》、そして鼻からは須佐之男命《すさのおのみこと》が誕生しました。

伊邪那岐は、天照大御神には高天原、月読命には夜の世界、そして須佐之男命には海原《うなばら》国の統治を委ねたのです。

ところが、須佐之男命は亡き母である伊邪那美のいる根の堅州国《かたすくに》（黄泉の国）に行きたいと、大泣きに泣き、駄々をこねるのです。その泣き叫ぶ声で山々の緑は枯れ、その間隙をついて悪しき神々が世界に災いを振りまいたのでした。

父の伊邪那岐は、須佐之男命を海原国から追放します。須佐之男命は、根の堅州国に行く前に、姉の天照大御神に別れを告げようと高天原に登ろうとします。すると山川が鳴り響き大揺れしたのでした。

天照大御神は、須佐之男命に高天原を侵略する意図があると判断し、矢を構え武装して須佐之男命を待ち受けるのでした。

女神とされる天照大御神も、その統治する高天原が侵略をされそうになれば、武装して敵と戦うのです。まさしく、天皇の祖霊である天照大御神が、武器を取って戦う精神を象徴されています。

その姉神に、反逆する意図はないと須佐之男命は説明しますが、信じてもらえません。そこで、「誓約《うけい》」によって無実を証明することを提案します。「誓約」は、「宇気比」とも書きますが、いわば「占い」です。

高天原にある天安河を挟んで、お互いに持ち物を交換し、そこから神を生んで、それが男か女で占うことにしたのです。その結果、天照大御神が須佐之男命の剣を受け取り、噛み砕いて息を吐くと、宗像《むなかた》三女神という姫神が生まれ、逆に須佐之男命が大御神の勾玉を噛み砕くと、天忍穂耳命《あめのおしほみみのみこと》など五神の男神が誕生しました。これにより、須佐之男命に侵略の意図がなかったことが明らかになります。

天照大御神は、自分の勾玉から生まれた天忍穂耳命は、我が子であると宣言し、その子が邇邇芸命、つまり天孫と呼ばれ、地上に降臨することになるのです。

八岐大蛇を退治して英雄となった須佐之男命

高天原を追われた須佐之男命は、出雲の肥河《ひのかわ》の上流に降り立ちました。すると、箸が川を流れてきます。それを見た須佐之男命は、上流には人が住んでいると思い、川を上っていったのです。

そこには、美しい娘を前に泣いている老夫婦がいました。

話を聞くと、もともと八人いた娘は、八岐大蛇《やまたのおろち》に毎年一人ずつ食べられてしまい、ついに一人を残すだけとなったが、その娘も大蛇が食べにくる時期になったと言うのです。娘の名は、櫛名田比売《くしなだひめ》といいました。

八つの頭と八つの尾を持つ八岐大蛇は、山や谷を覆いつくす大きさで、体じゅうに木々が生え、目は赤く爛々と輝いているという、恐ろしい化け物でしたが、美しい娘に一目ぼれした須佐之男命は、この大蛇を退治することを約束します。

須佐之男命は、老夫婦に強い酒をつくらせ、それを八つの大きな瓶に入れて大蛇を待ちました。ついに姿を現した八岐大蛇は、その八つのかま首を八つの瓶に入れて酒を飲み干し、酔い潰れて寝てしまったのです。

それを待っていた須佐之男命は、すぐさま太刀で大蛇を切り刻み、川は、大蛇の血で真っ赤に染まりました。そしてなんと八岐大蛇の尾からは、見事な剣が出てきたのです。

須佐之男命は、その剣を姉神の天照大御神に献上しました。いま天皇の皇位継承の証とされている「三種の神器」の一つ、「草薙剣《くさなぎのつるぎ》」は、この時に須佐之男命が八岐大蛇から取り出した剣なのです。

八岐大蛇を退治した須佐之男命は、櫛名田比売を妻として、宮を建設します。その時に歌ったのが、日本最古の和歌として知られる、次の歌です。

八雲立つ　出雲八重垣　妻ごみに
八重垣つくる　その八重垣を
（妻を護るために、宮にいくつもの垣をつくったが、その八重垣をめぐらすように、
出雲には、雲が幾重にも湧いている）

こうした武勇伝が神話としてあり、それを御代御代の天皇が、民族の叙事詩として継承し、また国民が語り継いで、歴史を紡いできたのが、神話からの伝統と歴史ある国、日本の本当の姿なのです。

日本人というのは、神話から連綿と積み上げられてきた「来歴」があって、今日、二一世紀の日本人としてのアイデンティティをつくりあげているのです。

大国主命の「国譲り」神話

大国主命《おおくにぬしのみこと》も、数々の神話の主役です。有名な「稲葉の素兎」（因幡の白兎）の神話の主役も大国主命です。また、兄神の須佐之男命を根の堅州国に訪ねた時に、その兄神である須佐之男命に、蛇の洞窟や百足と蜂の洞窟に入れられたり、野に火を放たれたりするなどさまざまな試練を課されたのも、大国主命でした。

しかし何といっても、「民族の叙事詩」として語られるのは、やはり「国譲り」の神話でしょう。その概略は、次のようなものです。

高天原にいらした天照大御神と高御産巣日神は、地上世界は天津神の子孫こそが治めるべき土地であるとして、まず、天忍穂耳命《あめのおしほみみのみこと》を降ろそうとしました。ところが天忍穂耳命は、地上は乱れていて騒がしいと言って、地上まで降りずに、天地を繋ぐ天の浮橋まで行くとUターンをして、高天原に戻ってきてしまったのです。

そこで天忍穂耳命の弟の天穂日命《あめのほひのみこと》を遣わしました。しかし、天穂日命は大国主命の魅力の虜となって、その使命を忘れてしまいました。

次に派遣されたのは天若日子《あめのわかひこ》でしたが、自分が地上を支配したいと大国主命の娘を堅ってしまうのです。高天原から様子を偵察に来た雉の鳴女《なきめ》を、天若日子は矢を放って殺しました。すると、その矢は高天原にいた高御産巣日神のもとにまで届きます。高御産巣日神が、矢を地上に投げ返すと、矢は天若日子に命中し、絶命してしまいました。

ついに最も強い武神の建御雷之神《たけみかづちのかみ》が派遣され、出雲にある稲佐《いなさ》の浜で、大国主命と対面します。

建御雷之神は、剣の柄を海に刺して立て、刃の切っ先の上に胡坐《あぐら》をかいて、大国主命に迫ります。

「天照大御神と高御産巣日神との命により、地上は、高天原の御子が治めることになった。国を譲る気持ちはあるか」

そこにやってきたのが大国主命の子で、国譲りに反対する建御名方神《たけみなかたのかみ》でした。建御名方神は、建御雷之神に力比べを申し出たのです。

しかし、結果は建御名方神の負けでした。建御名方神は、長野県の諏訪湖まで追い詰められ、命乞いをします。そして、諏訪の地から一歩も外に出ない事を誓い、国譲りを承諾したのでした。

諏訪から出雲に戻った建御雷之神は、ふたたび大国主命に国譲りを迫りました。大国主も国譲りを承諾し、地上への天孫降臨が決まったのでした。

その時の「国譲り」の条件が、「宮柱を太くして立て、大空に聳える立派な神殿を建ててほしい」ということでした。

そうして建てられたのが、出雲大社です。

天孫降臨は、征服王朝ではないのです。

確かに武力を背景に、「談判」（対話）はしています。しかし、最終的には戦闘とならずに、「和議」（平和交渉）によって、「国譲り」（合意）に至っているのです。これは、民族の精神性を象徴する出来事と言っていいでしょう。征服者と被征服者という対立の構図ではなく、双方が共栄共存していくという、極めて日本流の在り方です。

それは、「大和」、つまり大きな和を達成する精神に通じているのではないかと思います。

三輪山の神を崇めた崇神天皇

活玉依毘売《いくたまよりひめ》は、輝くような美しい姫でした。その姫を、ある夜、高貴な姿の男性が訪ねてきます。二人は結ばれ、月日もたたずに姫は身ごもってしまいました。

不審に思った父母が、相手の男性について問いただすのですが、姫は相手の名前すらも知らないと言うのです。

娘を身ごもらせた相手の男の素性を知ろうと、父は一計を案じます。糸巻に巻いた麻糸を針に通して、相手の男性の着物に刺すようにと、娘に知恵を授けました。

姫がその通りに相手の男性の着物に針を刺すと、翌朝、麻糸は戸の鍵穴を抜けて外に伸びていました。

麻糸を辿っていくと、糸は三輪山の奥深くへとどんどん入っていき、ついには三輪山の神である大物主神《おおものぬしのかみ》を祀る社に入っているのでした。

糸巻に三輪だけ麻糸が残っていたので、この地を「三輪（美和）」と名づけることになったという神話です。

さて時は下って、第一〇代崇神《すじん》天皇の御代に、疫病が大流行し、その猛威によって国が滅びそうになるという危機に見舞われました。

崇神天皇は、神にお伺いをたてると、ある夜、夢の中に三輪山の大物主神が姿を現し、疫病は自分が起こしたものであると告げます。さらに、大物主神の末裔にあたる意富多多泥古《おおたたねこ》にお祀りをしてもらえば、祟りを止め、世の中は安らかになると言うのです。

そこで崇神天皇は、意富多多泥古を祭主に命じて、大物主神を三輪山に祀らせたのでした。その結果、猛威を振るった疫病も止み、平穏が戻ったのでした。

三輪山のほど近くに崇神天皇が宮を置いたことによって、三輪山信仰は、大和朝廷の勢力拡大と共に、各地に広まったと言われます。また、神奈備山と拝殿という神社の原型は、三輪山信仰がその原点であるとも言われます。

またこの地域から発見される遺構は、都市計画が為された痕跡があり、巨大な運河の大規模土木工事も行われていました。この地が祭政の中心地でもあったのは、祭祀用具、祭殿、祭祀のための建物などが出土していることからも明らかです。

ここから各地方へと将軍を派遣してさまざまなまつろわぬ部族を討伐し、諸国を平定して、統一国家である大和朝廷を形成していったと考えられています。

悲劇の英雄・日本武尊の武勇伝

日本武尊《やまとたけるのみこと》は、あまりにも有名な人物です。「日本武尊」という表記は、『日本書紀』のもので、『古事記』の表記では「倭建命」となります。ストーリーも、『古事記』と『日本書紀』では、少し異なります。

『古事記』には、次のような逸話も出てきますが、『日本書紀』には記されていません。

第一二代景行《けいこう》天皇には多くの妃がいらしたため、子供は八〇人ほどいらっしゃいました。しかし、中でも目をおかけになられたのは、皇后の生んだ大碓命《おおうすのみこと》と小碓命《おうすのみこと》の兄弟でした。

景行天皇は、第九代開化《かいか》天皇の孫にあたる大根王《おおねのみこ》の二人の娘が美しいと耳にされ、妃とすることにし、兄の大碓命を迎えに派遣したのです。

ところが、大碓命は美しい姉妹を目にし、天皇を裏切って自らその二人と結婚してしまったのです。

天皇は、そのことを知っても大碓命をとがめませんでしたが、大碓命は天皇と会うのを避け、朝夕の食事にも同席しなくなりました。

天皇は、弟の小碓命に兄を諭すように促しました。

しかし、五日経っても大碓命は食事に姿を現しません。

そこで、天皇は小碓命に、まだ兄を諭していないのかと尋ねました。

小碓命は、もう諭したといいます。

訝しく思った天皇は、どのように諭したのかと、小碓命に尋ねました。

すると小碓命は、夜明け前に兄が厠に入るのを待ち伏せし、手足を引きちぎってムシロに包んで投げ捨てたと、そう答えたのです。

これを聞いた天皇は、この子の秘めた荒々しさに怖れを抱きました。勇猛だが、きっと将来災いを招くと、そう天皇は思ったのです。

そこで天皇は、小碓命を九州の熊曾建《くまそたける》という兄弟の討伐に派遣したのです。小碓命を自分から遠ざけるためでした。

熊曾建・出雲建の討伐

父である景行天皇から熊曾討伐の命を受けた時、小碓命は、まだ一五歳でした。不安もあったのでしょう、大和から九州に旅立つ前に、小碓命は叔母の倭比売命《やまとひめのみこと》を訪ねています。

倭比売命は、いまから二千年ほど前に、天照大御神のご神体を降ろす「御杖代《みつえしろ》」となり、長い旅路の末に、伊勢に至られた方で、第一一代垂仁《すいにん》天皇の姫君にあたります。

倭比売命は、小碓命に少女の装束をさずけ、小碓命はそれを持って、九州南部へ旅立ちました。

朝廷に刃向かう熊曾建の屋敷は、大軍に警備され、容易に攻め込めない状況でした。

しかし機会を待っていると、近く屋敷の増築完成の宴が開かれるとの情報が、小碓命の耳に入ってきました。

そこで小碓命は髪を下ろし、少女の衣装を着て宴に潜入し、熊曾建に気に入られて酒盛りの席で隣に座ることに成功します。

宴もたけなわとなった時、小碓命は懐に隠し持った剣を抜いて、まず兄の熊曾建の胸を刺したのです。

弟の熊曾建は驚いて逃げ出しましたが、小碓命は後を追って、尻に剣を突き立てました。弟は「西には我ら兄弟より強い者はいなかった。ところが大和には、我らを超える勇者がいたと知った。今後は建の名を献上し、倭建御子と呼んで敬いましょう」と、命乞いをしたが、小碓命は熊曾建の体を斬り裂いたのでした。

こうして九州の熊曾を討伐し、さらに出雲建《いずもたける》を討伐に向かいました。

ここでも倭建命は、策をめぐらします。出雲建に太刀を渡し、果たし合いを申し込んだのです。しかし、実はこの太刀は木製で、出雲建がそのことに気づいた時には、倭建命に一刀両断にされてしまいました。

日本武尊の東国征伐

凱旋将軍となって大和に戻っても、父の景行天皇は息子の倭建命を称賛することはありませんでした。それどころか、すぐに東国の平定を命じたのです。

下向する道すがら、伊勢に寄り、倭建命は叔母の倭比売命を訪ねて、こう告白します。「西を平穏にして帰ってきたのに、兵士も与えずに、ただちに東へ向かえという。父は、私が死ねばいいと思っているようだ」

倭比売命は、須佐之男命が八岐大蛇の尾から取り出した神剣「草薙剣」を託し、さらに「もしものことがあれば、これを開けよ」と言って袋を手渡しました。

こうして東国征伐に遠征した倭建命は、まつろわぬ神々や氏族を次々と討伐し、東海道を東に進み、静岡の焼津に至ったのです。

そして房総半島に向かうため相模の走水《はしりみず》海峡（浦賀水道）を船で渡ろうとした時に、倭建命の妃である弟橘媛《おとたちばなひめ》が示した行動は、実に感動的な「民族の叙事詩」です。

弟橘媛に見る高貴なる精神

私は、この感動的な話を、インドのニューデリーで行われた国際児童図書評議会で、美智子皇后陛下が話された基調講演によって、知りました。

倭建命は、東国平定の使命をおびて相模まで来ましたが、その土地の豪族たちの罠にかかり、野原で四方八方から火を放たれ、焼き討ちにあってしまうのです。

燃え広がる火の中で、妃の弟橘媛は逃げ場を失い、焼け死にそうになります。

その時、夫の倭建命は草薙剣を振って火を振り払い、弟橘媛を助け出したのです。死ぬ運命にあった弟橘媛は、火の中から夫に救い出されたのでした。

その後、倭建命の一行は、三浦半島の観音崎から富津に船で渡ろうとします。ところが、走水海峡の半ばで大暴風雨にあって、船は沈没しそうになります。

この時、夫の命を救おうと、弟橘媛は、海神の怒りをなだめるために、荒れ狂う波間に自ら身を投じたのです。その時に詠んだ歌が、次の一首です。

さねさし　相模の小野に燃ゆる火の　火中に立ちて　問いし君はも
（火の燃えさかる相模の野原で、『弟橘媛よ！　弟橘媛よ！』と名を呼んで、炎の中から私を救ってくださった君よ。私はこのご恩を忘れません。いまこそ、私は身を捨てて、尊の命を救うために海に入ります。どうぞ、無事使命をまっとうしてください）

そう歌って入水すると、嵐は凪いで、倭建命の一行は対岸に着くことができたのです。

倭建命は妃の死を悲しみ、その地から去るに去れず、海辺で泣いていたことから、その地は

「木更津（君去らず）」と名づけられました。

三浦半島の走水神社には、弟橘媛が入水する時に歌った歌を刻んだ歌碑があります。これは明治時代に、東郷平八郎元帥、乃木希典《まれすけ》大将らが建てたものです。

その碑には、こう刻まれています。

貞烈忠誠　まことに女子の亀鑑たるのみならず　亦以て男子の模範たるべし

このように、一身を犠牲にしてでも、大義のため、愛に報いるために生きる姿を尊ぶ精神が、日本人には古くからあったのです。

伊勢神宮の加護と日本武尊の死

倭建命は、上総（房総半島）から常陸（茨城）の新治《にいはり》・筑波、武蔵（埼玉、東京）を回って、足利峠までやってきます。そこで、ふたたび弟橘媛を思い「吾妻はや（ああ、我が妻よ）」と絶叫したとされています。

そこで、足利峠から東を「吾妻（＝東）国」というと『古事記』には書かれています。一方の『日本書紀』では、その場所を碓氷峠《うすい》としており、そこから東を東国と位置づけています。

さらに山梨県の酒折宮《さかおりのみや》から信濃（長野）を越えて、尾張（愛知）に戻り、さらに今度は琵琶湖の北東に位置する伊吹山の神を倒すために遠征することになるのでした。

倭建命は、「素手で討ち取る」と意気込んで、草薙剣を、結婚したばかりの美夜受比売《みやずひめ》のもとに置いて出発したのですが、これが大きな間違いでした。

これまでの軍功は、草薙剣の内包する伊勢神宮の神威が後ろ盾となっていたのでした。ところが、剣を手放したことで、倭建命の運命が、暗転したのです。

巨大な白い猪となって現れた伊吹山の神を、倭建命は「山の神の下僕だ」と侮辱したため、神は怒って激しく雹を降らせたのです。倭建命の意識はもうろうとなり、玉倉部《たまくらべ》の清水に辿り着いて、やっと意識が回復しました。しかし肉体は衰え、歩くのも困難になりながら、大和へ帰ろうと歩くのでした。

鈴鹿を越えれば大和という能煩野《のぼの》まで来た時、死期を悟った倭建命は、故郷を偲んで歌を詠みました。

倭は国のまほろば　たたなづく青垣
山隠れる　倭しうるはし

（大和国は、国の中でも最も秀でている。山々が青垣のように囲み、なんと美しいことか）

勇猛であったがゆえに、父の天皇に遠ざけられ、諸国の平定のために生涯を捧げた英雄の絶命でした。倭建命の魂は、白い鳥となって飛び去っていったと言われています。

仲哀天皇の絶命と神功皇后の新羅遠征

倭建命の子は、第一四代仲哀《ちゅうあい》天皇として即位しましたが、熊曾が反乱を起こしたために、これを鎮圧しようと香椎宮《かしいのみや》（福岡）に赴きました。

すると、皇后の息長帯比売命《おきながたらしひめのみこと》（神功皇后）に神が降臨し、海の向こうにある金銀財宝に恵まれた国を服属させよと、託宣をされたのでした。

仲哀天皇がこの託宣を疑ったところ、怒りに燃えた神は、「そなたが天下を統治すべきではない。黄泉の国に行け」と命じ、天皇はなんと絶命してしまったのです。

すると今度は大臣だった建内宿禰《たけしうちのすくね》に神が降臨し、「皇后の胎内にいる子が世継ぎである。すべては天照大御神のご意志である」と告げるのでした。建内宿禰がご神名を問うと、神は「住吉三神」だと明かしたのでした。

住吉三神は、伊邪那岐が黄泉の国から戻って禊をした時に誕生した神でした。

神はさらに「天地や山川、海の神をことごとくきちんと祀り、自分の神霊を出撃する船に乗せれば、加護がある」と神勅を下されました。

そこで、神功皇后は、住吉三神の神勅に従い、軍勢を従え、男装して朝鮮半島へ出撃したのでした。

神功皇后が出撃すると、突如追い風が吹き、また大小の魚が集まって船団を背負い、大波を立てて海峡を進撃しました。

その勢いに新羅《しらぎ》王は降伏し、臣下となって朝貢することを約束し、百済《くだら》もまた貢納国《こうのうこく》と定められました。

土地の神や民衆の反攻を抑えるために、神功皇后は新羅王の家の門に、住吉三神の依り代となる杖を突き立てて、日本の守護神として祀りました。

こうして神功皇后は、新羅討伐を果たして帰国したのでした。

聖帝の仁政を示された仁徳天皇

第一六代仁徳《にんとく》天皇は、天皇のあるべき理想の姿を示されました。

天皇は、ある日、山に登り、国土を眺めました。すると、煮炊きの煙がまったく上がっていないことに気づいたのです。

民は窮乏して食事もままならないようだと思った天皇は、税を三年間免除することを決めました。

税が入らないため、宮殿も雨漏りが激しく、天皇も雨漏りしない場所を探して移動しなければならないほどでした。

そして三年後、天皇は、また山に登り、あちらこちらの家々から煮炊きの煙がしきりに上がっているのを見ると、国民生活の安寧であることを感じて喜びました。

天皇は、皇后にこう言いました。

「天が君主を立てるのは、民のためであり、君主にとって民は根本である。だから、民が一人でも飢えるのならば、君主は自らを責めなくてはならない」

民を慈しむ仁徳天皇の仁政によって、国は大いに栄え、国民は「聖帝の御代」と、その治世を讃えたのでした。

このように、記紀に収められた「神話」は、武士道精神の原点であると言ってもいいでしょう。

神々や歴代天皇のお姿の中に、人々は日本人としての精神性、いわば「大和魂」を感じ取って生きてきたのです。

それは、単に武力を行使するということ以上に、大きな和、おおいなる平和を実現する心を感じさせます。

また天皇が民を「大御宝《おおみたから》」として大切にされる在り方も、こうした来歴を背景として育まれてきたものなのです。

日本の独立と主権を護ろうとする精神も、神話の時代から連綿と継承されてきたものが、その根底にあったのです。

そこから見えるものは、天孫が降臨され、その末裔である天皇が治めるのが日本であるという、日本の「国体」の姿でした。

「日出づる処の天子」の国書が示した独立の気概

小野妹子《おののいもこ》が遣隋使として派遣され、「日出づる処の天子、書を日没する処の天子に致す。恙《つつが》無きや」との国書を渡したのは、推古《すいこ》一五（西暦六〇七）年のことになります。

日本が「国家」意識に目覚め、独立主権を確立する上で極めて重要な時期でした。

対外的には、朝鮮半島で高句麗《こうくり》、新羅、百済、そして日本（倭）が任那《みまな》と呼んだ加羅《から》諸国が争っていました。

六世紀に高句麗が南下し、これに伴い百済と新羅が南に侵攻、任那は新羅に併合されてしまったのです。新羅は、隋の冊封体制下に入っていました。日本（倭）は新羅との戦争準備を開始、推古八（西暦六〇〇）年、朝鮮に出兵しました。

一方で国内は、崇峻《すしゅん》天皇が崩御されると、有力な皇位継承者は複数存在していましたが、後継者は決まっていませんでした。そこで皇位継承の争いを避けるために即位したのは、第三〇代敏達《びだつ》天皇の皇后で、第二九代欽明《きんめい》天皇の皇女であった推古天皇でした。東アジアで最初の女帝でもありました。

そして推古天皇の即位からわずか四カ月後に、その皇太子となったのが聖徳太子でした。太子は、天皇の代行者として国事行為を行い、事実上は、「摂政」を務めたといえるでしょう。

聖徳太子の「一七条憲法」は、世界的にも最も古い「憲法」であり、その精神は、明治天皇の「五カ条の御誓文」とも相通じるものです。

武士道は、単なる「武術」ではなく、人間完成の「修行の道」でもあり、また君主や社会秩序への献身でもあります。ですから、その修行の道は、「社会の規範」というものを基本にしています。

その意味で、「憲法」として世界最古・世界最長の王朝の国の礎《いしずえ》をつくったものが、聖徳太子の「一七条憲法」なのです。

聖徳太子の「一七条憲法」の道

「和を以て貴しとなす」という第一条でよく知られる聖徳太子の「一七条憲法」は、「武士道」の姿を律法によって位置づけた、と言ってもよいものです。

せっかくの機会ですので、その要旨を確認しておきましょう。

第一条　和を以て貴しとなす
第二条　篤《あつ》く三宝を敬え
第三条　詔を承けては必ず謹め
第四条　礼を以て本と為よ
第五条　貪りを絶ち、欲を棄てよ
第六条　悪を懲らしめ、善を勧める
第七条　人には各々任あり
第八条　群卿百寮、早く朝《まい》りて晏《おそ》く退け
第九条　信はこれ義の本なり
第一〇条　忿《ふん》を絶ち瞋《しん》を棄て人の違《たが》うを怒らざれ

第一一条　功過を明らかに賞罰を当てよ
第一二条　国に二君なく、民に両主なし
第一三条　官に任ずる者は、職掌を知れ
第一四条　群臣百寮、嫉妬あることなかれ
第一五条　私に背き公に向かうは、臣の道
第一六条　民を使うに時を以てせよ
第一七条　事は独り断ずべからず

こうした「人としてのあるべき道」は、モーセの「十戒」にも相通じます。神がモーセに与えた律法はもっと歴史を遡りますが、七世紀の日本で、こうした「律法」によって国が治められたというのは、特筆に値します。

その内容も「武士道」の倫理に通じる点が、多くあるのです。

聖徳太子が、その在り方を「一七条憲法」で成文化したことは、その後の日本社会の規範に大きな影響をもたらしたのです。

大伴家持が『万葉集』で歌った「海ゆかば」

「一七条憲法」は、国家の経綸を担う官吏《かんり》に向けて発せられたものでしょう。

一方で、「戦士」に対して、その精神性を謳ったものとしては、『万葉集』にある大伴家持《おおとものやかもち》の次の歌があります。

海ゆかば　水漬《みづ》く屍《かばね》
山ゆかば　草生《む》す屍
大君《おほきみ》の　辺《へ》にこそ死なめ
かへりみはせじ

『万葉集』で、大伴家持がこのように歌っているということは、武士道の根幹となる精神は、すでに、万葉の時代には形づくられていたということです。

大君とは、天皇のことです。天皇は、「国」を象徴するものでもあり、「国のために死ぬ」という価値観が、醸成されつつありました。

後に『葉隠《はがくれ》』（山本常朝著、一七〇九～一七一六年頃）で、「武士道というは、死ぬことと見つけたり」と語られた精神に、一脈通じるものがあります。君主、主のために一命を捧げることを、「犠牲」と捉えず、生き方の「美学」としたと言ってもいいでしょう。そうした「武士道」の根本精神が、万葉の時代に、確立しつつあったのです。

『万葉集』は、「防人」の時代の歌集

『万葉集』には、防人《さきもり》が、あるいは防人について詠われた和歌が多く見受けられます。防人とは、筑紫、壱岐、対馬などの防衛にあたった兵士たちのことです。「さきもり」とは、「岬を守る」という意味です。

防人の制度は、六六四年に、中大兄皇子《なかのおおえのおうじ》がつくったものですが、その背景には、前年にあたる六六三年に、日本が白村江《はくすきのえ》の戦いに敗北したことがあります。

当時、日本（倭）は、朝鮮半島南部に領有する任那を通じて半島に影響力を持っていました。しかし五六二年までには、新羅によって任那は滅ぼされてしまいます。

六世紀の朝鮮半島には、高句麗、新羅、百済の三国が存在し、日本（倭）は朝廷からの重臣を、百済に派遣して駐在させていました。

ところが五八一年に隋が建国され、シナを統一し、文帝、煬帝《ようだい》の時代に、四度にわたり高句

麗遠征を行いましたが失敗し、その後、煬帝は殺害されて隋は滅びました。

六一八年に唐が統一を果たし、太宗、高宗の時代には、六四四年、六六一年、六六七年と三度の侵略によって高句麗を征服しました。

唐は新羅を冊封国《さくほうこく》とし、太宗武烈王が六五四年に即位すると、たびたび朝見し、唐は百済の侵略を画策していました。

こうした朝鮮半島情勢は、大化の改新の最中にあった日本へも伝わり、唐が百済を海路から攻撃する可能性もあり、日本の防衛は重大局面に立たされたのです。

六六〇年に、唐と新羅の連合軍が百済を破り、百済は滅亡してしまいました。その百済の復興と救援を日本は百済の遺民から求められ、六六三年に百済遺民と日本の連合軍は、唐と新羅の連合軍と白村江で戦争となり、日本が敗れることになったのでした。

この国防の危機に編制されたのが防人で、東国から選ばれた人が、三年任期（三分の一ずつ交代）で国防の任に就いたのです。

東国から防人として派遣された兵士は若い人たちが多く、妻や恋人がいました。そうした愛しい人々への思いを抱きながら、国防の任へと赴いたのです。

そして、こうした防人たちによって、武士の心が育まれました。

日本人の心、武士道精神の原点としての『万葉集』

「武士道」は、神話や『万葉集』によってその姿を描かれた、「大和魂」や「日本精神」によって、育まれたのです。それはすなわち、「日本道」であると、そう私は思っています。

また、遡れば神話に由来し、歴史を経ることによって日本の精神へと高められていった道程が、「日本道」でもあります。

神話の時代については、これまで紹介してきたように、『古事記』と『日本書紀』が、多くを物語っています。

しかし、日本人の心を形づくったものは、何といっても『万葉集』をおいて他にありません。全二〇巻からなる『万葉集』は、原文は漢字で書かれていますが、その言葉は、もともと日本人が使っていた日本語です。すなわち「やまとことば」で詠われた歌集です。そこには、日本人の琴線に触れる「感性」が、しみじみと歌われているといいます。

こうした日本人の感性は、『万葉集』によって一層育まれ、洗練され、高められていったのです。『万葉集』では、天皇も、皇族も、貴族も、官吏も、農民も、漁師も、防人も、皆が「歌人」として、平等に扱われています。

もちろん、地位はまったく異なるとはいえ、天皇と、とある村の名の知れぬ娘とが、対等に、いや時には、天皇よりもその娘のほうが立ち位置が上なのではないかと、そう思われるような歌が、いくつも収められているのです。

その中に、大伴家持が集めた「防人歌」があります。防人も、「大君《おおきみ》」や「日本」を護るために国防の任に就くのだと、その思いを詠いあげています。ここで、いくつかの歌をご紹介しましょう。

大君の　命畏み　磯に触り
海原渡る　父母を置きて
【四三二八】丈部人麻呂

霞降り　鹿島の神を　祈りつつ
皇御軍《すめらみいくさ》に　我は来にしを
【四三七〇】大舎人部千文
（訳注：「皇御軍」は、天皇の軍隊の尊称）

「神州」を護るのが武士道の原点

武士が台頭した鎌倉時代より以降に「武士道」が形づくられていったと、一般には考えられていますが、『万葉集』から窺えるのは、もうこの時代に「武士道」が実践されていた、ということです。

武士道の究極の原点は、神話にあります。その原点に遡ると、まず「神」が「神州」をお定めになられたということがあります。イスラエル民族にとっては、それは「約束の地・カナン」であり、「シオン」であり、「エルサレム」なのです。日本人にとっては「大八島《おおやしま》」でしょう。

伊邪那岐大神と伊邪那美大神が、「コオロ、コオロ」と、聖なる矛で海をかき混ぜ、その矛先から滴り落ちた塩水が固まり、島ができきました。

そこに天の御柱を立てて、その柱を巡って交わり、国生みを試みます。しかし、最初に生まれた水蛭子《ひるこ》は、不完全だったので、葦船に乗せて流したのでした。

次の淡島も生み損じてしまった伊邪那岐と伊邪那美の大神は、高天原に相談をしました。すると、女性である伊邪那美大神から先に声をかけた間違いを、高天原の神々から指摘され、男性の伊邪那岐大神から先に声をかけると、今度は立派な島が誕生しました。

それが淡道之穂之狭別島《あわじのほのさわけのしま》（淡路島）です。

さらに伊予之二名島《いよのふたなのしま》（四国）、隠伎之三子島《おきのみつごのしま》（隠岐島）、筑紫島《つくしのしま》（九州）、伊伎島《いきのしま》（壱岐）、津島《つしま》（対馬）、佐度島《さどのしま》（佐渡）、そして大倭豊秋津島《おほやまととよあきつしま》（畿内一帯）と、八つの島からなる「大八島国《おおやしまのくに》」、つまり日本が誕生したのです。

このように、神が生んだので「神州」と呼ばれるのです。これが「国生み」の神話です。

万葉の時代に生きる人々は、こうした神話をよく知っていました。

日本が単なる物理的な島や大地である以上に、それは、神々がつくられた大自然であり、大八島国であったのです。

その「神州」である大八島国に、朝鮮半島から敵が攻めてくる危機感が、万葉の時代にはありました。『万葉集』の巻二〇「防人歌」は、そのことを物語っています。

こうして武士道が、神話と「神州」を護る国防意識の発露として、現実に姿を現したのは万葉の時代でした。防人は、まさに武士道の体現者でもあり、日本精神、大和魂の体現者でもあるのです。

もちろん、万葉の時代に、「武士道精神」や「日本精神」と呼ばれることはありませんでした。しかし、「大和魂」という言葉は、その武士道精神や日本精神が、「大和」にあったことを裏書きしています。

「大和」は、万葉の時代を、象徴しているのです。

『万葉集』が誕生する国内情勢

『万葉集』には、四百数十年の間に詠われた和歌が収められています。最も古いものは、第一六代仁徳天皇の皇后にあたる磐之媛命《いわのひめのみこと》（巻二・八五〜八九）の歌で、これは四世紀前半のものと考えられます。

次いで巻一・二の歌は、第二一代雄略《ゆうりゃく》天皇の歌ですが、これは五世紀のものです。逆に最新のものは、天平宝字三（七五九）年正月に、大伴家持が詠んだ巻二〇・四五一六の歌となります。

年代的に歌が切れ目なく収められているのは、第三四代舒明《じょめい》天皇（五九三〜六四一）の御代で、六二九年から六四一年です。

いわゆる「万葉の時代」というのは、六二九年から七五九年の一三〇年とされています。最初の遣唐使が派遣されたのは、六三〇年。女性初の東宮として立太子し、譲位によって即位された六人目の女帝・第四六代孝謙《こうけん》天皇の御代が、第四七代淳仁《じゅんにん》天皇の御代へと替わったのが、七五八年となります。

つまり、万葉の時代の始まりは、まさに国内的には律令国家の誕生前夜、まさに政治的にも激動の時代でした。

舒明天皇が崩御すると、皇位継承争いを避けるために擁立されたのが、女帝の皇極《こうぎょく》天皇でした。しかし、政治の実権は蘇我氏が握り、蘇我蝦夷《えみし》と入鹿《いるか》の親子は、全国から一八〇余の部曲《かきべ》を動員して墓をつくらせ、蝦夷は自分の墓を大陵《おおみささぎ》、入鹿の墓を小陵《おみささぎ》と呼び、天皇の陵墓と同じ「陵」としたのでした。

舒明天皇の皇子だった中大兄皇子（後の第三八代天智《てんじ》天皇）と中臣鎌子《なかとみのかまこ》（後の藤原鎌足《ふじわらのかまたり》）らは、最大の豪族として権力の中枢に君臨していた蘇我氏の蝦夷と入鹿を、「乙巳《いっし》の変」によって滅ぼし、翌年の大化二（六四六）年には、「大化の改新」として有名な政治改革を実現。公地公民制、班田収授法、租庸調制度を導入しています。

皇極天皇は、同母弟の軽皇子《かるのみこ》に譲位され、軽皇子は第三六代孝徳《こうとく》天皇として皇位を継がれました。孝徳天皇は、仏法を尊んだ徳のあるお方で、難波長柄豊碕宮《なにわのながらのとよさきのみや》（大阪市中央区）に遷都しましたが、皇祖母尊《すめみおやのみこと》（皇極）、間人皇女《はしひとのひめみこ》、大海人皇子《おおあまのおうじ》（後の第四〇代天武《てんむ》天皇）、さらに公卿らが中大兄皇子の大和への遷都の案に従ったため、都は飛鳥河辺行宮《あすかのかわべのかりみや》に移ってしまい、悲憤のうちに病にて崩御されたのでした。

孝徳天皇の崩御を受け、皇祖母尊は重祚《ちょうそ》（退位した天皇がふたたび皇位に就くこと）をして、斉明《さいめい》天皇となり、政治の実権は皇太子の中大兄皇子が握ることになります。

前述したように、百済が唐と新羅の連合軍に滅ぼされ、斉明天皇は百済救済のために武器と船をつくらせ九州まで皇御軍を進めました。

有名な額田王《ぬかたのおおきみ》の「熟田津《にきたつ》の歌」は、百済救済で朝鮮半島に向かうために瀬戸内海を西に下る途中、熟田津の港（愛媛県松山市）から船出する際に、斉明天皇に代わって詠んだ歌とされています。

熟田津に　船乗りせむと　月待てば
潮もかなひぬ　いまは漕ぎ出でな

【巻一・八】額田王
（訳注：「熟田津で船に乗ろうと月を待っていると、月も出て潮の具合もよくなった。さあ、いまこそ漕ぎ出そう」の意）

しかし斉明天皇は、その志半ばで崩御してしまわれたのです。

中大兄皇子は、白村江の戦いに敗北すると、都を大和から近江の大津に遷都して近江大津京《おうみおおつのみや》を建設し、外国からの侵略に備えました。

そして、翌六六八年、即位して天智天皇となり、天皇を中心とする中央集権国家の建設を推進していくのです。

唐の脅威に対抗して天皇国家体制を整備した日本

唐が圧倒的な国力を背景に、朝鮮半島を侵略し始めたことは、日本の安全保障に対して深刻な脅威を与えていました。日本も強い国家として体制を確立することが喫緊の課題でした。

大海人皇子は、壬申《じんしん》の乱平定後、天智天皇の近江大津京にあった都を、ふたたび大和の地に戻し、その「飛鳥浄御原宮《あすかのきよみはらのみや》」で即位、第四〇代天武天皇となられました。

天武天皇は、畝傍山《うねびやま》、耳成山《みみなしやま》、天香具山《あまのかぐやま》の大和三山を含む本格的な都城である「藤原京」の造営を始めました。それまでは、天皇一代ごとに宮（宮殿）が住まいとして営まれていましたが、藤原京は、「宮」（内裏《だいり》、政務や儀式のための大極殿など）と「京」（皇族や官人が居住）からなる恒久的な都として計画されたものです。天武天皇は、完成を待たずに崩御されましたが、その後、第四一代持統《じとう》天皇、第四二代文武《もんむ》天皇、第四三代元明《げんめい》天皇と三代の天皇の都として栄えました。

「天皇」という称号、そして「日本」という国号が使われ始めたのは、天武天皇の御代でした。大国・唐に、「追いつけ、追い越せ」とばかりに、刑法である「律」、行政法・民法・商法にあたる「令」という国家の基本法も、日本の国の在り方にあわせたものとしてつくりだされたのです。

そして、シナ大陸と区別して、日本の独自の史書、文化の確立を果たそうとしたのは、国家意識の高まりが背景にありました。それは、天皇の国・日本の確立でした。

古代から未婚の皇女が神宮に奉仕していた斎王の制度を正式に整備したのも、天武天皇の御代とされています。

また、皇祖・天照大御神をお祀りする伊勢神宮の式年遷宮も天武天皇の発意で、第一回の式年遷宮が執り行われたのは、持統天皇四（六九〇）年でした。『日本書紀』には、大嘗祭が初めて執り行われたのも、天武天皇の御代であると記されています。

そして、この時期の『万葉集』の代表的歌人である柿本人麻呂《かきのもとのひとまろ》は、持統天皇の御代に宮廷歌人として、天皇への讃歌、死を悼む挽歌《ばんか》を、重厚かつ荘重なものへと高めてゆきました。歌の右にその歌の作者や作歌事情を記した「題詞《だいし》」と共に、一首ご紹介しましょう。

天皇、雷の岳に出でませる時に、柿本朝臣人麻呂がつくる歌一首

大君は　神にしませば　天雲の
雷の上に　廬りせるかも

【巻三・二三五】

『古事記』の序文には、天武天皇は、「帝皇日継《すめらみことのひつぎ》」とされる「帝紀《ていき》」や、「上古の諸事」を記した「先代旧辞《さきのよのふるごと》」「本辞《ほんじ》」を、「わが国の原理、天皇統治の基本」と位置づけて編纂したと、そう書かれています。

天皇の統治の由来を記す神話や歴史を定めて、後世に伝える国史の編纂は、天武天皇にとって、天皇を中心とする国づくりに欠くことのできないものでした。

武士道の原点は、「日本道」にあった！

武士道という時、それは武術のことを言っているのではありません。

武術というのは、いわば「戦う術」です。もちろん「武」というのは、字を見るとわかるように「矛を止める」のですから、「いかに戦闘を回避し、平和を実現するか」という術でもありますが、いずれにしても、「武術」という場合、具体的な戦法、戦略に重きが置かれています。

しかし、武士道という時、それは「道」です。生きざまであり、心の在り方であり、精神性、魂の姿を意味するのです。

例えば、次のようなことがらでしょう。

■主君に対しては絶対的な忠誠を誓う。
■「武士道とは死ぬことと見つけたり」
■主君と使命のためには命を惜しまない。
■勇気を鼓舞する。
■目上の者を敬い、目下の者を思いやる。

武士たちが、武士道を身に着けたのは、実は後のことで、それ以前に、日本人は「日本道」とも呼ぶべき高い徳性と倫理観と、それに伴う行動規範を育んでいたのです。

それは、「武士道」というよりは、「日本道」とも称するべきものです。

それを育んだのは、神話から連綿と続く天皇のご存在であり、また、そうした国柄と、外来の文化の優れたところを、どんどんと吸収して自家薬籠中の物としていった日本人の特性があります。

第六章　イスラエルを建国しユダヤ人を救済した「日本道」

「我が英雄」ヨセフ・トランペルドール

私は、二〇〇四（平成一六）年から二〇〇七（平成一九）年までの三年間、駐日イスラエル大使を務めました。

ヨセフ・トランペルドール

その任期最後の年に、日本イスラエル親善協会から、大変感動的な依頼を受けました。

大阪・高石市が、市庁舎の地下で、日露戦争当時に高石の浜寺にあった捕虜収容所に関する展示会を開催することになり、そこで、収容所やそこに収容されていたトランペルドールの活躍に関する資料などを提供してほしいと言うのです。

トランペルドールと聞いて、私は歓喜しました。

ヨセフ・トランペルドールは、幼少の頃から、私の英雄だったからです。

世界中に離散したユダヤ人が、エレッツ・イスラエルに帰還し、ユダヤ人の国を復活させるという、「シオニズム運動」をご存知でしょうか。

エレッツ・イスラエルとは、ヘブライ語で『イスラエルの地』という意味です。ユダヤ人は、かつて自分たちの祖国があった場所を、そう呼びました。そのシオニスト運動を最初に実践した人物の一人が、ヨセフ・トランペルドールだったのです。

駐日イスラエル大使に就任して以来、多くの出会いや発見がありました。しかし、まさかこの日本で、憧れの英雄に出会うとは、思いもよらないことでした。

ヨセフ・トランペルドールは、ユダヤ暦の五六四一年、西暦一八八〇年の一一月二一日、帝政ロシア北部、コーカサス地方のピアチゴルスクの町で生まれました。

父のゼエブは、徴兵された後の二五年間、ニコラス軍第一部隊に所属していました。ロシア軍の中で、ユダヤ人は迫害されていましたが、常にユダヤ教徒としての自覚と誇りを持ち続けた人物として知られています。

クリミア戦争の際も、二五万の戦死者を出したセヴァストポリの戦いで勇敢に戦い続け、退役後は薬剤師として働き、一九一五年七月に八五歳で永眠しました。

母のフェドシアは、当時のロシアのユダヤ人の多くがそうであったように、ユダヤ教徒であることを不幸であると考えていました。ロシアではユダヤ教からキリスト教への改宗も多く、フェドシアの親族の何人かも、キリスト教徒に改宗していたのです。

ユダヤ教の掟や伝統に忠実な父と、ユダヤ教の信仰やユダヤ人の生き方を邪魔なものと考える母の下に、トランペルドールは育ちました。父が軍隊生活で家を空けていたので、彼の家には、ユダヤ教的な色彩はほとんどなかったといいます。

トランペルドールに影響を与えたのは、「ヘデル」と呼ばれる、伝統的なユダヤ教学校でした。ある時、彼は学校で学んだ「過ぎ越しの祭り」を祝いたいと思い立ち、「ユダヤの伝統的な祭りを家で祝いたい」と母親に提案したのです。

母は反対でしたが、父は、息子の願いを聞きいれてくれました。

当時のロシアでは、ユダヤ教徒として生きるのは、とても困難なことだったのです。しかし、トランペルドールは、そうした逆境にあっても、ユダヤの信仰を貫く父の生きざまから学んだのです。それは、彼の人格形成に大きく影響しました。

トランペルドールのヘデルでの学びは、わずか六カ月にすぎませんでしたが、その間に、ユダヤ教とユダヤ教の聖書について、多くを吸収したのです。

三千年以上も前に、ユダヤ民族が奴隷状態にあったエジプトから脱出してイスラエルの地に戻り、土地を耕していた時代について、あるいは、その後の預言者の時代や、ユダヤの王の時代について、何かを得ようと、必死に学んだのです。

シオニズム運動とトランペルドール

トランペルドールは、純粋な若者でした。

ロシアの文豪トルストイの思想に傾倒し、トルストイの推奨する質素な生活や「勤労」に感銘を受けていました。トルストイのことをどの作家より素晴らしいと賛美し、当時の若者の間に蔓延していた「誤った価値観」を正そうと努めました。

彼は肉を食べるのをやめ、乳製品と野菜のみを食し、タバコをやめ、水だけを飲んで砂糖を摂らない生活を送っていたのです。

さらに身体を鍛えることに精を出し、ありとあらゆる種類の厳しい状況下に自分を追い込んで、鍛錬しました。清潔なシーツ一枚で日々固い床に寝るなど、自らを律し、常に己に厳しく生きたのです。

そんな若きトランペルドールが出会ったのが、「シオニズム運動」でした。

シオニストたちは、「ユダヤの国をつくろう！」「離散した多くのユダヤ人よ、イスラエルの土地に帰還せよ」といった理想を掲げていました。

トランペルドールは、そうしたシオニストの指導者であったテオドール・ヘルツェルの「もし君が（ユダヤ人の祖国の再興を）望むなら、それは神話ではない」という言葉に強く動かされ、「誇り高いユダヤ民族のために、生涯を捧げたい」と、高い志を持つようになりました。

「ユダヤ人らしくないユダヤ人」

トランペルドールは、二〇歳で学位を得て歯科医師として働き始めましたが、二年後の一九〇二年には軍隊に入隊しています。

彼のように学歴のある者は、軍隊では一般的な労働から免除される権利があったのですが、彼はその権利を使わずに、一兵卒として入隊したのです。

学歴のあるトランペルドールが、特権を使わず、無学な兵士とつらい労働や便所掃除、バラックの床のモップがけをし、食事を共にすることを、あざ笑う者も少なくありませんでした。

当時の軍隊の中では、ユダヤ人が差別されていました。

ユダヤ人の中には、「ロシア帝国はユダヤ人の権利を剥奪し、公然と迫害している。なぜ、このような国のために我々の血を流さなくてはいけないのか？」と、憤慨する者もいました。

彼らは、「我々の権利をロシア帝国に認めさせ、その上で必要なら、この国のために命を差し出そう」と、合理的な主張をしていました。

しかし、トランペルドールは、「まずは、国の要求すべてに応えよう。そうすることによってのみ、平等の権利を訴えるチャンスが与えられる」という考えだったのです。

そんな中、新たに第二七東シベリア連隊が編制され、最前線である旅順《りょじゅん》港へ送られることになりました。ところが、トランペルドールの指導者としての才能を見抜いたロシア軍は、彼をリストから外し、軍人学校の指導教官として用いようとしたのです。

ところがトランペルドールは、「極東の前線に送ってほしい」と懇願したのです。その決断について、彼は家族に次のような手紙を送っています。

「私は、ユダヤ民族は臆病者で国に対して忠実ではないと言う人々の侮辱に対して、それは間違っているということを証明する必要があると感じているのです。あえて危険な最前線で戦うことを志願することによって、他の国民と同じようにユダヤ人も戦場において勇敢に戦うことができ、国に忠誠を尽くすことができる、ということを断固として証明したいのです」

しかし、旅順での戦闘に向かう前、トランペルドールは耐え難い屈辱を味わいました。所属する部隊の副官が、戦闘がいかに危険な任務であるか説明している際に、こう言い放ったのです。

「まさか、お前たちの中に、ユダヤ人のような臆病者や反逆者はいないだろうな！」

これを聞いたトランペルドールは、前に進み出てこう言いました。
「自分はユダヤ人であります。しかし、臆病者でも反逆者でもありません！」
すると隊長は、「そうか、お前はユダヤ人っぽくないユダヤ人だな！」と切り返したそうです。

日露戦争で左腕を失う

一九〇四年、トランペルドールは、旅順要塞に送られ、日本軍と戦うことになります。そこはまさに激戦地で、彼は砲弾の破片を左腕に受け、手首から肘まで粉々に砕けてしまったのです。野戦病院に運ばれましたが、腕は肘から上、ほとんど肩までを切断せざるを得ませんでした。

三カ月後、彼は病院を退院し、除隊して家に帰る許可を受け取りました。しかし、仲間がまだ戦っているというのに、自分だけが帰還することなど、受けいれることはできませんでした。

それで、戦友と共に戦うために、トランペルドールは片腕でも使える軍刀とピストルを所持して、最前線に戻ることを願い出たのです。

しかし、軍の規則で、軍刀とピストルの所持は、将校にしか許されていませんでした。

そこでロシア軍は、トランペルドールを将校に昇進させるように取り計らいましたが、彼がユダヤ人であることが、大きな壁となりました。

最終的に、軍は特別指令を発することで、トランペルドールに軍刀とピストルで武装することを認め、下級准尉に昇進させたのです。

旅順陥落で大阪・浜寺の捕虜収容所へ

日露戦争における旅順攻略戦は、一九〇四（明治三七）年八月一九日から始まり、一九〇五（明治三八）年一月一日に終結しました。

ロシア帝国の旅順要塞を、乃木希典大将率いる第三軍が攻撃し、陥落させたのです。

トランペルドールは捕虜となり、日本軍がロシアから獲得した大連《だいれん》港を経て、大阪府高石市にあった浜寺捕虜収容所に送られました。

七万人のロシア兵捕虜のうち、ユダヤ人は一七三九名でしたが、浜寺捕虜収容所に収容されたロシア兵捕虜は二万八千名、そのうちユダヤ人は五〇〇名ほどもいました。トランペルドールの捕虜番号は、「一四二七六番」でした。

旅順から大阪まで、四日間の船での移動では、捕虜への待遇はとてもよいものでした。

それは、収容所でも同様でした。

海の近くの谷にあった浜寺捕虜収容所は、水田や畑、果樹林に囲まれていました。兵舎のような住居棟は規則正しく並び、電気が点いていました。日本の一般家庭に、まだ電灯は普及していなかったというのに、捕虜収容所には電気が点いていたのです。

敷地は広く、風呂やパン工場、市場などがあり、新鮮な野菜、魚、肉といった豊富な食料から、衣類まで支給されました。捕虜であるのに、将校には月額三円、兵には五〇銭が支給されたのです。

捕虜たちは宗教によって分けられ、ユダヤ人は全員が同じ棟でした。母国ロシアにはなかった自由を、ユダヤ人たちは日本の捕虜収容所で、享受できたのです。日本人は、ユダヤ人を迫害することもなく、理解を示し、信仰の自由を与えてくれました。

トランペルドールは、ここでも持ち前の積極性を発揮しました。彼は「ユダヤ人捕虜組織」を設立し、収容所の中の職人に道具を持たせるために「相互援助基金」をつくったり、工場や図書館、劇場までつくってしまったのです。

収容所長と交渉して、学校をつくる許可も得てしまいました。そこでは、何百人ものユダヤ人が、読み書き、算数、歴史、地理などを学ぶことができ、その数はどんどん増えていったのです。

ついには、ロシア人捕虜のために、もう一校を開校しました。当時、ロシア人のほとんどが、無学文盲でした。この二校で学ぶ者の数は、二五〇〇人にも達したのです。

トランペルドールは、自ら教科書を執筆し、休みの日には、歴史や宇宙構造論を教授しました。読書を奨励し、捕虜たちが持っている本を集め、数千冊の蔵書の図書館ができあがったほどでした。

国家建設の必要性に目覚める

このように、類い稀なリーダーシップを持っていたトランペルドールは、日本の収容所での捕虜生活を通して、さらに重要な使命感を痛感するようになるのです。

それは、宗教や民族によって差別されることなく、自由に暮らせる状況をつくるには、「主権」を持って、自分たちの「国」をつくらなくてはならないという思いでした。

捕虜収容所の環境を向上させること以上に、彼は「エレツ・イスラエル」（イスラエルの地）にユダヤ人の国家を再興したいと、そう思うようになったのです。

そんな彼に、日本での捕虜生活は、絶好の機会を提供してくれました。

トランペルドールが捕虜のユダヤ人たちに呼びかけると、一二五人が賛同してくれ、シオニスト協会を発足することができたのです。そして、アメリカのシオニスト協会と連絡をとって、定期刊行物や資料を送ってもらったりもしました。

彼らは『ジューイッシュ・ライフ』という機関誌まで発行し、副題に「日本で囚われているシオンの子ら」と副題を掲げたりもしました。編集長となったトランペルドールは、この機関誌で、ユダヤ人の日本での捕虜生活を紹介したのです。

このように、トランペルドールは、捕虜として日本の収容所に入れられたことで、日本という国に触れることができたのです。

日本では、ロシアとはまったく違って、捕虜であっても、宗教や民族によって差別されることもなく、自由に暮らすことができました。日本と日本人の素晴らしさを心の底から実感したのですが、それは、主権のある国家があってこそ、初めて実現できることでした。

トランペルドールは、自分たちユダヤ人にも国が必要だ、と強く感じるようになってゆきました。そして、捕虜仲間のために働くこと以上に、ユダヤ人の故郷であるエレツ・イスラエルにユダヤ人国家を再建したいという情熱が込み上げてきたのです。

トランペルドールは、一九〇五年一〇月付の両親への手紙に、次のように書いています。

親愛なる父上様、母上様

ハガキにも書きましたが、私たち一一人は、イスラエルの地での定住を目指し、結束を固めました。驚かれたかもしれませんが、これまでの私の人生を振り返ってみれば、遅かれ早かれ、このようなことになるのは、理解していただけることと思います。

私の生まれた場所であるロシアを護るという義務の下にいる間は、私の人生も安全も保障されることはありませんでした。我々は、ロシアに住んでいます。我々がそこで人生の大半を過ごしているがゆえに、我々の利益も大切なものも、すべてがロシアの財産に変わってしまいます。

ロシアにいるユダヤ人の状況を見る時に、これ以上惨めなことがありましょうか。そこにあるのは、我々への迫害と苦しみだけではないですか。

「この悪と戦わなければいけない。我々はその無秩序、暗闇と憎しみを払拭しなければいけないのだ。そうすれば、よりよい生活が皆に行きわたるのだ」と言う人もいます。

ユダヤ人は、何度、このような約束事を聞かされてきたことでしょう。失望させられるだけであったのに、どれだけ彼らを信用してきたことでしょう。

我々ユダヤ人は、何世代にもわたって、他民族によって迫害され、侮辱されてきました。また、その言語と文化は、いまではほとんど存在しません。我々は、我々の発展を妨げてきた、耐え難い重荷を背負わされた奴隷にすぎなかったのです。

我々が、自分の足で立ち上がる時が来たのです。我々を人質として利用するような国々に自分たちが離散して住む状況には、もう耐えられません。我々は団結しなければなりません。イスラエルの地において、他の誰にも頼ることはできません。

良くも悪しくも、自分たちの生活を築くことができます。我々は、自分たちの手でつくり上げた環境の中で、生きたいのです。「我々ユダヤ人には、独立した国家として存続する能力などない」と言う人たちに、それが間違っているということを、見せつけてやります。

ロシアでの動乱は、ユダヤ人の生活をも揺るがすものでありました。いまこそ、確固たるシオニスト運動を開始する時だ、と私は信じています。いま、この機会を逃したら、我々ユダヤ民族という船は、他の船と同様に座礁して、二度と浮かび上がることはないでしょう。

こうして、強い建国への思いを抱いたトランペルドールは、その後、イスラエル国家の建設へと邁進してゆくのでした。

テル・ハイのライオン像と殉教碑

トランペルドールは、ユダヤ人の祖国があったイスラエルの地に渡り、ユダヤ民族の祖国再興に尽力すると決意をし、何もないパレスチナの荒野で、開拓に心を燃やしたのです。ある時は土地を耕し、またある時は農作業に精を出しました。自警団として、民族を護る戦いにも参加しました。

そして、運命の一九二〇年三月一日がやってきたのです。

イスラエル北部のガリラヤ地方のヘルモン山の麓、現在の北の国境にほど近いテル・ハイで、トランペルドールはアラブ人の襲撃を受けました。

激しい戦いの末に、ついに銃弾を受けて、彼は永遠の眠りについたのでした。

被弾して死を迎える間際に、彼は苦しい痛みの中で、こう呟きました。

「俺にかまうな！　国のために死ぬほど、名誉なことはない」

トランペルドールの死は、それまで国を失い、世界中に離散していたユダヤ人たちに、「祖国への忠誠心」と「民族としての誇り」を呼び覚ましました。

国境を護ることが、彼の死を早めました。しかし、その死が、二千年もの長きにわたり、国を持たず、戦うことを忘れていたユダヤ民族に、「国のために戦うこと」の尊さ、国境を護ることの大切さを、教えてくれたのです。

トランペルドールと、そして彼と共に亡くなった七人のサムライの最期の地となったテル・

ハイは、現在、博物館になっています。

その建物の外には、トランペルドールたちの殉教を顕彰するために、ライオン像が建てられています。ライオン像の土台には、トランペルドールと七人のサムライの名前と、「俺にかまうな！　国のために死ぬほど、名誉なことはない」（ヘブライ語では、「アイン・ダバル！　トフ・ラムット・ビアード・アルゼヌ」）という言葉が刻印されているのです。このトランペルドールの遺言は、実は浜寺捕虜収容所で、日本兵士から教えられた言葉でした。

トランペルドールは、日露戦争で死をも恐れずに戦う日本兵の姿を目にし、また、浜寺捕虜収容所で日本人の大和魂、武士道精神に触れたことによって、イスラエル建国への魂を燃え上がらせていたと考えられます。

その意味では、イスラエル建国の礎となったのは、日本の武士道精神であり、もっといえば「日本道」なのです。

日露戦争を支援したユダヤ人・シフ

心温まる出来事の一つに、トランペルドールが明治天皇より義手を賜ったというエピソードがあります。

明治天皇が即位され、国際的にも知られるようになると、ユダヤ人の間に不思議な空気が醸し出されるようになりました。日本の明治天皇は、ユダヤ人のような顔立ちをしていると言うのです。

そのせいか、ユダヤ人の間には、どこか親日的な空気がありました。日本が、自分たちを差別しているロシアと対峙しているという地政学的、国際政治上の立ち位置も影響していたことでしょう。

日露戦争が始まるとすぐに、日本銀行の副総裁だった高橋是清は、海外を飛び回ることになりました。戦費を調達するために、日本の国債を売らなければならなかったのです。

しかし、サンフランシスコでも、ニューヨークでも、誰も日本の国債を買おうなどと思う者はいませんでした。清国との戦争に勝利したとはいえ、白人の大国であるロシアを相手に、小さな島々に住む黄色人の日本人が勝てるなどとは、とても考えられなかったのです。

この状況は、ロンドンでも似たようなものでした。二年前に日英同盟が結ばれ、イギリス人の日本人への国民感情は良かったとはいえ、イギリスの銀行団に五〇〇万ポンドの日本国債を引き受けてもらうのがやっとでした。

しかし高橋是清は、第一回の戦時国債一千万ポンドを調達する必要がありました。

そんな時に、日本の国債を引き受けると申し出たのが、著名なアメリカの銀行家で慈善家だったユダヤ人、ヤコブ・ヘンリー・シフでした。

シフは、フランクフルト出身のドイツ系ユダヤ人でしたが、自ら五〇〇万ポンドの購入を引き受けたのみならず、全世界のユダヤ人に、日本の戦時国債を買うように呼びかけたのです。その結果、日露戦争中に日本が海外で発行した戦時国債七二〇〇万ポンドのうち、その半分以上にあたる四一〇〇万ポンドをユダヤ人が購入しているのです。

こうした日露戦争の勝利への貢献もあって、シフは、明治三九年三月二八日に、なんと、明治天皇に単独拝謁を許されたのです。

天皇から旭日大綬章を親しく授けられた後、シフは天皇から陪食も賜りました。これは、民間の外国人としては、初めてのことでした。

午餐会では、天皇がご自分の治世が始まった頃の逸話などを話され、一時間があっという間に過ぎてしまいました。そこでシフは、陛下の健康を祈って乾杯を提案し、口上を述べて杯を挙げました。

全員が着席すると、天皇が立ち上がられ、シフの日本滞在が快いものであり、日本国民の一人ひとりがよき接待役を務めることを願います、と挨拶をされ、さらにシフの健康を祈って、陛下が親しく乾杯の音頭を取られたのでした。

帝政ロシアによるユダヤ人迫害

実は、ユダヤ人は、日本が日露戦争で勝つことを期待していたのです。そこには、歴史的な背景がありました。

ユダヤ人は一三世紀に、ポーランド王やポーランド貴族の庇護があったので、ポーランドに居住していました。

ところが、マルティン・ルターが著書でユダヤ人を激しく非難し、暴力を理論化したため、ユダヤ人への迫害はエスカレートしたのです。

一七世紀にウクライナで起こったフメリニツキーの乱におけるユダヤ人虐殺は、その犠牲者数において最大のものでした。

その後、ポーランドの東部はロシアに併合されたため、ユダヤ人はハプスブルク家に庇護を求めましたが、ウクライナ人やベラルーシ人には受けいれられなかったのです。

一九世紀には、ドイツで「ポグロム」が次々と起こりました。

ポグロム（ロシア語でパグローム）は、「破壊」という意味ですが、同時に「ユダヤ人に対して行われる集団迫害行為」を表していたのです。具体的に行われたのは、殺戮、略奪、破壊、差別などでした。

ドイツ全域に広がった大規模な反ユダヤ暴動は、一九世紀にはベラルーシなど旧リトアニア公国の領域に広がりました。

帝政ロシアの歴代皇帝は、ロシア正教に改宗しないユダヤ人を弾圧し、民衆もまた、異教徒のユダヤ人を憎悪していたのです。ドストエフスキー、ツルゲーネフといったロシアの大作家たちも、激しい反ユダヤ主義の思想を持っていたことは、よく知られています。

このためポグロムは瞬く間に帝政ロシアをはじめ各国に広がり、ユダヤ人の殺戮が行われました。帝政ロシアは、社会不安の解消のために、民衆を意図的に、ユダヤ人排斥運動へと誘導したのです。

こうした迫害のため、ユダヤ人は国外脱出をし、それがシオニズムへとつながったのです。

日露戦争の前年の一九〇三（明治三六）年四月、ロシアの町キシネフで起きたポグロムでは、一日で多数の死傷者が出ました。こうした中、欧米に住むユダヤ人は、同胞をロシア帝国から救い出そうとしていました。そこに起こったのが、日露戦争でした。

ユダヤ人の詩人、ナフタリ・ヘルツ・インベルは、日露戦争が始まった一九〇四（明治三七）年秋に、「希望」という詩を発表しています。この詩を読むと、インベルは、日本の勝利を信じていたことがわかります。

われらの胸に
ユダヤの魂が脈打つかぎり
われらの眼が東のかなた
シオンに向かって希望を望み見ているかぎり
二千年間育み続けてきた
われらの希望は失われることはない
その希望とは
われらの父祖の地
ダビデ王が都を据えた地に還ることである

この詩を原詩として、現在のイスラエル国歌『ハティクバ（希望）』が生まれたのです。

インベルをはじめとするユダヤ人は、「日本こそが、ユダヤ同胞のために神が遣わした国である」と、信じていました。

インベルは、詩集の扉に「明治天皇に捧ぐ」として、次の一文を記しています。それを、拙著『日本で目覚めたユダヤ魂　国のために死ぬことはよいことだ』の翻訳を担当した中東問題研究家・青木偉作氏の「訳者あとがき」から引用しましょう。

天皇陛下へ

（日露）戦争勃発の一年前、帝政ロシアのキシネフでユダヤ人にとって恐ろしい事件が起きました。しかしこの時、私は陛下の軍隊で必ずやロシアを罰してくださるであろうという預言をしました。

そして、その時閃いたもう一つの霊感があります。それは陛下に捧げるこの詩を、世界で最も古い国の、最も神聖なる文字である「ヘブライ語」に翻訳して出版しようということです。

私はこの詩集を陛下の玉座に捧げます。

「われらの希望はまだ失われていない」という言葉をもって。

陛下の忠実なる僕《しもべ》
ナフタリ・ヘルツ・インベル
一九〇四年　ニューヨークにて

平成も三〇年を迎え、来年には、御代替わりとなります。明治は、遠い過去と、いまの若い人たちは思うかもしれません。

しかし、明治維新にしても、日露戦争にしても、その偉大な功績は、世界中で最大級の評価を受けています。

日本の父祖の、そうした偉大な功績は、民族の叙事詩として、必ず記憶にとどめなくてはなりません。その民族の叙事詩こそが、これから一〇〇年、二〇〇年、否、千年、二千年先の日本民族をつくりあげてゆくからです。

ユダヤの『ゴールデン・ブック』に載る樋口季一郎中将の名

淡路島を訪れた時に、伊弉諾神宮の本名宮司から、「樋口季一郎中将が生まれたのは、淡路島です」と言われて驚きました。

樋口季一郎中将は、「ジェネラル・ヒグチ」としてユダヤ人にはよく知られています。

一九三〇年代に、二万人にのぼるユダヤ難民が、ナチス・ドイツの迫害を逃れて、極寒のシベリアを経由して満洲の国境に集結していました。着の身着のままで満洲に辿り着いたユダヤ難民を救ってくれた英雄こそが、ジェネラル・ヒグチなのです。

ユダヤ民族に貢献した人々を顕彰するために『ゴールデン・ブック』がつくられることになったのは、一九〇二年の第五回シオニスト会議でのことでした。

『ゴールデン・ブック』と呼ばれるのは、その第一巻の表紙に、天から太陽の黄金に輝く光が、エルサレムに射している絵が描かれているからです。

ジェネラル・ヒグチの名は、その第六巻に、ユダヤ暦五七〇一年のタムズ月一九日（西暦一九四一年七月一四日）に、ハルビンにあるユダヤ民族協会の推薦によって、「ユダヤ民族の恩人」として記録されています。

樋口中将と共にユダヤ難民救出に尽力した安江仙弘《やすえのりひろ》大佐も、その名前が刻印されています。

『ゴールデン・ブック』

事の発端は、昭和一三（一九三八）年二月のことでした。ナチスの迫害を逃れ、大量のユダヤ難民が、ヨーロッパからシベリア鉄道を使って、満洲国の北東の端にある満洲里《まんしゅうり》駅のソ連側にあるオトポールに集結してきたのです。その数およそ二万人。凍てつく寒さの中、婦女子を含む難民は、満洲国への入国を希望していました。

当時ハルビンの特務機関には、将校や下士官、兵も含め、一千人の機関員がいました。樋口中将は、前年の昭和一二（一九三七）年八月に、このハルビン特務機関長に任命されていました。

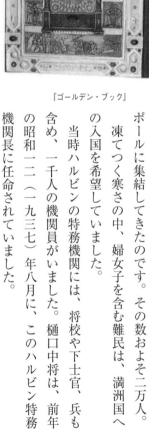

樋口中将は、新京の関東軍司令部にいた参謀長・東條英機中将に、ユダヤ人難民の入国許可を求めたのです。

東條参謀長は、樋口中将の案件を即座に決裁。それを受け、樋口中将は満洲国外交部（外務省）と折衝し、ユダヤ人を入境させる措置を取ったのでした。

ユダヤ難民に対する関東軍の方針

すでに昭和一三（一九三八）年一月の段階で、関東軍司令部は「現下ニ於ケル対猶太民族施策要綱」を定め、日本は他の国のようにユダヤ人を差別しないという方針を打ち出していました。当時の日本は、「五族協和、八紘一宇の精神並びに防共の大義に遵由《じゅんゆう》する」というのが、国の方針でした。

ドイツ外務省は、日本政府が大量のユダヤ難民を満洲国に入れたことに対し、強烈な抗議を行いました。しかし、東條参謀長は、難民の受け入れは「当然なる人道上の配慮によって行ったものだ」と、これを一蹴したのでした。

ユダヤ難民救出の決定を下した最高責任者である東條英機の名は、本来ならば樋口中将や安江大佐と共に顕彰されてしかるべきでした。

しかし、『ゴールデン・ブック』に名が載るためには、複数のユダヤ人か、ユダヤ人団体の推薦が必要だったのです。

樋口中将や安江大佐は、日頃からハルビンのユダヤ民族協会と交流をしていたので、ユダヤ人からの推薦を得られましたが、東條参謀長は、ユダヤ人と直接の親交を結ぶ機会がなかったのでしょう。

しかし、日本国政府と、東條参謀長の方針がなければ、樋口中将の独断でユダヤ難民を受け入れることは不可能でした。

日本は、世界で最初に「人種平等」を国際連盟の憲章に盛り込もうとした国です。その方針を日本の官僚や軍人が貫いたからこそ、ユダヤ難民は救出されたのでした。

杉原千畝のビザ発給は、日本政府と外務省の方針に従ったまで

ナチスによる迫害から逃れるユダヤ人の命を、ビザを発行して救ったことでは、杉原千畝《ちうね》がよく知られています。

昭和一五（一九四〇）年の七月から九月にかけて、六千人以上のユダヤ難民に、「生命《いのち》のビザ」を発行したことで、「日本のシンドラー」とも呼ばれています。

もっとも、オスカー・シンドラーは、確かにユダヤ人を救ってはくれましたが、それは自分の経営する軍事工場にユダヤ人の囚人を集め、無報酬で働かせるためでした。つまり、自分の商売が目的だったということです。

一方の杉原千畝は、カウナスでユダヤ人にビザを発給するために、外務省本省に頻繁に事前許可を求めています。つまり、個人的な目的や裁量で行ったビザ発給ではなく、日本国政府の方針に基本的に従ったものです。よく、本省の命令に反してビザを発給し、処分されたように描かれますが、そんな事実はまったくありません。

当時の外国人入国取締規則では、行き先国の入国許可、旅費、滞在費用を持っていることが条件でした。この条件を満たさない者に対して、日本の外務省本省から注意を受けた程度です。もし杉原が勝手にビザを発給していたら、政府から処罰を受け、相応の処分をされていたでしょう。ところが杉原は、ビザを発給した功績で、勲五等瑞宝章を授けられているのです。

杉原が「外務省を追放された」などということもありません。

終戦によって、外務省は機能縮小を余儀なくされて、三人に一人が「リストラ」をされました。杉原も、その一人にすぎません。杉原の功績は、日本政府と外務省が認めたからこそできたことであって、日本政府の方針に逆らったことを理由に日本の外務省を追われたというのは、真実ではありません。

第七章　日本もイスラエルも「神の国」だ

西郷隆盛の死は武士道の死ではない

武士は、幕末から明治初期にかけて、激動の時代を迎えました。

天皇親政を唱える志士たちは、尊王攘夷を掲げて、七〇〇年にわたる武家政権に終止符を打つことになるのです。尊王攘夷は、二六〇年にわたって日本の政事《まつりごと》を司った徳川幕府を倒すための、格好の旗印となりました。

倒幕を目指した志士たちは、明治天皇と新政府が武士階級をなくすとまでは、考えていなかったのでしょう。しかし一八六九年に、すべての大名をはじめとする多くの武士たちは、徳川家から授かった領地を天皇に返還し、天皇による親政を受けいれたのです（版籍奉還）。

これにより、長年続いた「日本の封建制度（とよく言及されるもの）」は終わりを告げ、大名も姿を消しました。

武士階級の消滅は、さらに進みました。

一八六九年に幕府軍が降伏すると、新政府は軍隊や政府にできるだけ多くの、かつての武士たちを雇用しました。

それまで武士は、農民や商人など、違う身分の仕事には就けませんでした。しかし、その縛りを廃止して、どんな職業にも就けるようにしたのです。また、異なる身分の者との結婚も許され、かつての武士たちは、裕福な商人の娘を娶ることができるようになりました。

さらに、一八七一年には、武士の象徴である髷《まげ》を切り、刀を差す必要もなくなったのです（散髪脱刀令）。

一八七五年には、すべての身分の者が姓を名乗るようになり、武士を他の身分の者たちと見分けるものは、すべてなくなりました。

一八七六年になると、廃刀令が出され、警察官や軍人以外が刀を差すことは禁止され、秩禄《ちつろく》処分によって華族・士族の家禄が廃止され、これにより、武士という特権階級は完全に消滅したのです。

真の「ラスト・サムライ」として知られる「西郷《せご》どん」こと西郷隆盛は、士族の廃止、武士以外のものを兵として含む近代軍隊システム、日本の西洋への開放などに不満を唱える不平士族たちに担がれて、一八七七年、薩摩で兵を挙げますが、強力な軍事力を備えた政府軍に城山で敗れ、自刃して果てました（西南の役）。

西郷の死は、武士の時代が終わったことの象徴でもありました。西南の役は、徴兵制による軍隊が初めて戦った戦争でしたが、近代的装備と圧倒的兵力を有するはずの政府軍は、しばしば西郷軍の士族兵に敗北しました。

この敗北の原因が、士気にあると考えた明治政府は、徴兵兵士に対する精神教育を強化するようになります。

一八八二年、明治天皇は、すべての軍人に『軍人勅諭』を下賜し、忠節、礼儀、武勇、信義、質素の五つの徳目を説き、軍人が護るべき責任と、あるべき姿を明らかにしました。

■天皇と国家に対する忠誠
■忍耐と上官に対する服従
■兵士への労《いたわ》り
■命令の完遂
■戦場での勇気
■無用な暴力と民間人を傷つけることへの戒め
■日々の生活での節度
■簡素な生活を旨とし贅沢を戒める

徴兵によって構成された政府軍は、元は武士であった者たちが指揮し、彼らは武士に求められる規範と教えをもって、兵を率いたのです。

武士階級がなくなってすべての者が兵役に就くようになった結果、彼らは、軍隊でサムライの規範を教えられて、これを身につけ、故郷へ帰ると家族や近隣の者に、サムライなるものがいかにあるべきかを身をもって示したのでした。こうしてサムライの規範は、徳川時代以上に、日本人のあるべき姿として見られるようになったのです。

その結果、いままでよりも多くの者が「サムライの規範」を身につけるようになり、サムライとしての生き方を尊ぶようになったのです。

白人列強との対峙から第二次世界大戦へ

明治初期から第二次世界大戦にかけては、職位としての武士はすでにいなくなったのですが、サムライの精神を継承する「武士道」は、近代日本の形成と発展に大きく貢献するようになりました。

この頃、日本は五つの大きな戦乱を経験します。

日清戦争（一八九四年）、日露戦争（一九〇四年）、第一次世界大戦（一九一四年）、満洲事変（一九三一年）、シナ事変（一九三七年）、そして大東亜戦争（一九四一年）です。

これら五つの戦乱を経験した日本は、満洲事変・シナ事変と大東亜戦争以外は、すべて勝利を収めています。

武器もシステムも、そして軍服までも新しくなった二〇世紀の近代化された軍隊様式と、伝統的なサムライ魂が噛み合い、非常に強力で、国家に献身的な軍隊が出現しました。

警察官や軍人でなかったサムライたちも、その多くは、武士道は人として正しい道であると信じたのです。たとえ、武士という階級がなくなり、刀を差すことがなくなっても、サムライとしての「生き方」を護ったのです。

そうした人々の中には、以降の日本国の針路を切り開こうと民主主義運動に身を投じ、日本を変えようとする人々もいました。例えば、元土佐藩士の板垣退助は、自由民権運動を主導し、後には日本初の政党を結成し、党首となりました。

「武士道」が全国民に普及した

こうして、サムライの道が初めて「武士道」として世間に知れ渡り、使われるようになりました。軍隊や警察で、さらに剣道、居合道、柔道、空手などの道場で教えられ、修行が積まれました。

親や教師は、子供たちに、サムライのように考え、振る舞うことを教え、躾けようとしたのです。また、名誉や尊敬、勇気や自立心、天皇と国家に対する忠誠心などを教え込みました。こうして武士道は、軍隊や警察に大きな影響を及ぼしただけでなく、日本国民の多くに浸透し影響を与えたのです。

一九〇四年から〇五年にかけて行われた日露戦争で、日本がロシアという世界の強国を破ると、世界中の人々は驚愕しました。日露戦争を戦ったロシア兵たちは、日本軍兵士や士官たちの勇敢さや決断力の凄さを、戦いの中で見せつけられました。しかも、ロシア軍が目にしたのは、日本軍の、「死をも恐れずに立ち向かう」という勇猛果敢な精神や、決断力だけではありませんでした。日本の将軍たちが、十分な戦略を持って、戦いを進めてくることにも驚かされたのです。この戦略的思考方法は、宮本武蔵が『五輪書』の中で、戦うにあたって将軍や兵士が身につけるべきサムライの思考方法としたものでした。

大東亜戦争においても、日本軍の凄さは、いたるところで発揮されました。その中でも、人々の記憶に残り、欧米人を最も驚かせたのが、神風特攻隊でした。

神風特攻隊は、強大な敵を撃破する最後の手段として、自らの命を代償にして、敵艦に体当たり攻撃を敢行したのでした。

これは、武士階級がなくなってから七〇年近くたったあとも、サムライ魂が日本人の心に残されていたことの証左に他なりません。大東亜戦争の時まで、日本人のサムライ魂が生き残っていたということに、疑問の余地はありません。

敗戦後の奇跡的復興と高度成長をもたらした武士道

大東亜戦争での敗戦は、日本人と日本の国体、そして統治機構に大きな変化をもたらしました。この敗戦は、武士道にとって、大きな危機でもありました。

日本が外国の軍隊に敗れ、占領を受けたのは、この時が歴史上、初めてのことでした。日本国民の精神的なダメージは大きく、それまでの考え方にも疑いを持つようになったのです。

昭和天皇は、自ら現人神《あらひとがみ》であることを否定したかのようでした。日本国民も、愛国心や闘争心を持つことに対して、ネガティブに考えるようになりました。

こうして、武士道は日本から姿を消し、まったく存在しなくなってしまったかのように見えました。

軍隊と警察も、占領下で連合国軍の占領統治の下に置かれ、どんな武術も、稽古をしたり武士道を修めたりすることは、禁止されたのです。こうして、日本人が武士道を学び、修行を積むという機会は、失われたのです。

そして、結局、武士道とは、日本人の心の奥深くに根ざしたものではなく、日本の歴史のある時期に、ある特定の人々にとって、正しいとされた考え方であるかのように扱われました。

日本は世界で唯一、戦争によって原子爆弾の被害を受けた国です。一九四五年八月六日に広島にはウラン爆弾、長崎には九日にプルトニウム爆弾が投下されました。

大東亜戦争を戦ったことで、日本は多くの有為の青年を失ったのです。


首相官邸には、二枚の写真が飾られています。

一枚は、一九四五年三月一〇日、東京大空襲を受けて焦土と化した東京の写真です。

そしてもう一枚は、戦後の復興を成し遂げた日本の写真でした。

この二枚の写真は、まったく違う世界のように見えます。

一枚は、爆撃によって灰燼に帰した街。

もう一枚は、近代的な美しいビルが立ち並ぶ街です。

日本と日本の国民は、どん底の中から立ち上がったのです。

経済が破壊しつくされ、社会が混乱し、景気は落ち込み、戦争で愛する家族を失った悲しみにつつまれた、その絶望的な世界から、見事に立ち上がったのでした。

しかも、回復を遂げただけではありません。それは歴史上、どの敗戦国にも見られない、見事な復興を成し遂げたのでした。

これは、神話や伝説の中の人物たちの精神、サムライ魂、武士道が、戦後も立派に生き続け、その精華を発揮した証左に他なりません。

「武士道」と呼ばれる精神は、やはり、日本人の心の奥深く根ざしたものであり、教育や哲学的な教えのみで身につけたものではなく、魂の奥深くに宿っているものだったのです。

日本の指導者と国民は、奇跡的な「回復」を、目覚ましいやり方で、いかなる国よりも、早く、力強く成し遂げ、最善の結果をもたらしました。これは、武士道精神が残っていたからこそ、できたことです。

真の武士道精神は、個人のレベルでも、国家のレベルでも発揮されます。戦いに勝つために、決してあきらめない。常に、最善を尽くす精神を秘めているのです。

終戦の「玉音放送」にある「神州不滅」の言葉

毎年八月一五日には、天皇陛下の「玉音放送」の一部が、テレビなどで流されます。

「耐えがたきを耐え、忍び難きを忍び、もって萬世のために太平を開かんと欲す」という部分です。

しかし、終戦の日に、昭和天皇が国民に「よろしく」と願い伝えたその結論は、なぜかいまの国民にはあまり知られていないようです。

終戦の詔書の最後の部分を、引用しましょう。

　宜《よろ》シク挙国一家子孫相伝へ　確《かた》ク神州ノ不滅ヲ信シ《じ》　任《にん》重クシテ道遠キヲ念《おも》ヒ　総力ヲ将来ノ建設ニ傾ケ　道義ヲ篤クシ志操ヲ鞏《かた》クシ　誓テ国体ノ精華ヲ発揚シ世界ノ進運《しんうん》ニ後《おく》レサ《ざ》ラムコトヲ期スヘ《べ》シ　爾臣民其レ克ク朕カ《が》意ヲ体《たい》セヨ

この終戦の詔書の結論として天皇は、「どうか、国全体、一家、子孫にまでこの私の思いを広く伝え、神州の不滅を確信して……」と、そう訴えられ、さらに続けて、「（復興の）任は重く道は遠いと思って、総力を将来の建設に傾け、人の行うべき正しい『道』や『義』の精神を篤く持ち、志と貞操をしっかり保って、『国体』の精華を発揮して、世界の進歩に遅れを取らないことを期すように」と、そう願われたのです。

昭和天皇は、戦闘終結となった一九四五年八月一五日、国民に向けて、「神州不滅を信じ」、復興に全力を尽くすように訴えられたのです。

「神州不滅」とは、文字通り、「日本が神国であり永遠に滅びることがないことを信じて」ということです。

私は、先にも述べた「黄金の三角形」を構成する三つの要素、つまり信仰、国土、民族が護持されることが、「国体護持」であると思っています。その意味では、日本は「神州」を護ることができたといえるでしょう。

神武天皇より二六〇〇余年という長い歴史を経てきた「神州日本」の国の在り方が保たれたのは、まさに「天佑神助」であったといえましょう。

命を賭して護る大切なもの

この世には、命を賭してでも護るべき大切なものがあります。

例えば、親にとっては、子供の命は「自分の命に代えても、護りたい」ものでしょう。

最近はどうかわかりませんが、数十年前までは、日本のサラリーマンには「会社のために命を賭す」という空気がありました。会社への忠誠心が、尊ばれたのです。もちろん、高度経済成長期の日本では、働けば働いただけの収入が得られ、収入も倍増してゆくという環境が背景にあったということもあります。

しかし、民族というものは、やはり、同じ民族が絶滅の危機に瀕した時には、自分の命を賭して戦うものです。

これはイスラエル民族や日本民族だけのことではありません。世界中の民族が皆そうなのです。そして、いまも民族間の紛争は絶えることがありません。

しかし、「だから民族主義は良くない」というのは、浅薄な考えです。現実を無視して「グローバリズム」を唱えても、民族対立がやむことはないのです。いや、民族はそれぞれの民族の生存をかけて戦うものだと、そう認識できるほうが、よほどグローバル（地球規模）な認識力を持っているといえるでしょう。

そして、私が本書で繰り返し述べているのは、日本民族もイスラエル民族も、神によって「約束された地」に、その神を信仰する民族として生きている、ということなのです。

「約束された地」とは、つまり、「神州」です。

日本民族は、伊邪那岐大神と伊邪那美大神とが生んだ「大八島」を、命を賭して護るのです。

どの国の国民も、自国の領土が侵略を受けそうになれば、命がけで領土防衛を期すでしょう。また、どのような民族でも、その民族の土地を奪われるようなことがあれば、戦うでしょう。それは当然のことなのです。

そしてそれが、神から与えられた「神州」であれば、なおさらです。

イスラエル民族は、二千年以上もの長い時間、「約束の地」である現在のイスラエルの地を、失い、世界に散らばっていたのです。その来歴もあるがゆえに、「神への信仰」と、「約束の地」と、神の民としての「民族」は、失ってはならない堅固な三角形をつくり上げています。

この「黄金の三角形」こそ、イスラエル民族が、命を賭して、護ってゆくものなのです。

日本にも、同じことがいえると思うのです。民族が抹殺される危機にあれば、自分の命をも顧みず、戦うのが大和民族であり、「大和魂」なのではないでしょうか。

男系男子を貫く天皇の皇位継承

天皇陛下というご存在は、世界中の国家元首と、その存在を異にします。

国家の家長であると同時に、神道における大祭司でもあられるわけです。

平成の御代は、三一年をもって今上陛下が譲位をされ、現在の皇太子殿下が第一二六代天皇として即位されることになりました。ギネスブックには、「世界最長の王朝」であると載っています。

そして歴代天皇は、天照大御神に仕える大祭司としての役割を担ってこられたので、実際の政務は将軍や首相が執ってきました。

国内で権力者どうしの争いや、戦が起こっても、天皇は常に神聖なご存在として尊ばれ、神と人とを結びつける役割を果たしてこられました。

天皇は、その血筋によって天皇の地位に就き、「男系男子」の継承が、ずっと神武天皇から今上陛下まで続いてきているのです。

女性天皇は八人、一〇代の御代がありましたが、いわば「中継ぎ」であり、天皇の未亡人であるか、あるいは未婚を貫き、その子が天皇に即位することは、今日まで一度もなかったのです。

皇統の危機を理由に、小泉純一郎首相の政権下で「長子優先」が議論されたことがありました。そして、国会でまさに「皇統の男系男子優先」ではなく「長子優先」の法案が成立するか、と思われた時に、秋篠宮家に悠仁《ひさひと》親王殿下がご誕生になられ、「長子優先」法案の採決は見送られ、「男系男子優先」が保たれました。

もし、長子優先で愛子内親王殿下が即位された場合、これまでの天皇の来歴に従えば、天皇となった愛子内親王殿下は、結婚は許されません。女性天皇の例はあっても、女性天皇から生まれた親王が天皇となる「女系天皇」の例は、いまだ一度もないからです。

このように伝統を守ることは、男女差別とは別次元のことです。聖書で神は、男性代名詞で表されています。ローマ教皇も男性継承です。それを「女性蔑視だから変更すべき」と訴えるのは愚かなことです。

ユダヤの祭司コーヘン一族も男子継承

ユダヤ人にも、ユダヤ人であるためには母親がユダヤ人でなければならない、という掟があります。

つまり、ユダヤ人の母親から生まれれば、その子はユダヤ人となるのですが、父親がユダヤ人でも母親がユダヤ人でなければ、その子はユダヤ人ではありません。

ところが、祭司の家系であるコーヘン一族は違うのです。

母親がユダヤ人であれば、その子はユダヤ人ですが、その子がコーヘンの名を継ぐのであれば、父親がコーヘンでなければダメなのです。

母親がコーヘンの家柄であっても、父親がそうでなければ、その子はユダヤの祭司の一族であるコーヘンにはなれないのです。

この点、ユダヤの祭司は、日本の天皇と同じく、ずっと「男系男子」を継承しているのです。つまり、コーヘン一族も、二六七〇年以上もの長い間、そのように「男系男子」を貫いてきた来歴があるということです。

日本の天皇とユダヤの祭司が、いずれも一度の例外もなく、男系によって続いているということは、実に興味深いことです。この点でもまた、世界の他の民族には例を見ないことだといえるのではないかと思います。

自決の在り方は武士道に近いユダヤ人

日本の武士は、名誉を重んじました。命よりも名誉が大切だったのです。

武士の自決の際に行われる「切腹」は、平安時代以降に見られるようになりました。最初に切腹をして果てたのは、一一七〇年の源為朝が嚆矢《こうし》とされています。

一方、ユダヤ教では、自殺は厳しく禁じられています。神から与えられた生命を、自ら絶つということは許されないのです。

このため、日本人とユダヤ人とでは、自決の価値観については、相容れず共有できないものであるかのように思われています。しかし、本当にそうでしょうか。

日本とユダヤの歴史を紐解いてみると、自決に対する考え方に、むしろ、より近い共通点が存在するように、私には思われるのです。

それは、自決した歴史上の人物で、いまも私たちの民族の心に、深く生き続ける人々がいるからです。そうした例をいくつか見ていきましょう。

勇者サムソンの「カミカゼ」攻撃

イスラエルに初代の王サウルが登場する百年前、イスラエルの人々は、ペリシテ人との戦いが絶えませんでした。

ペリシテ人に関しては、エジプト人による記録も残されています。地中海に面した地域に住む海洋民族で、ガザ、アシケロン、アシドッドなどの海沿いの町々を支配していました。ペリシテ人は、その時代の最先端の高性能の武器を持ち、また強大な兵力も有して、イスラエル人が住んでいた土地の中心部を脅かす強敵となっていたのです。

紀元前一一〇〇年頃に、イスラエル民族の「士師」と呼ばれる指導者だったサムソンは、ナジル人という、聖書に出てくる、特別な誓約を神に捧げた民族でした。生まれた時から神に捧げられ、またそのために、生まれてから髪を切ることがありませんでした。

サムソンは、神から与えられた強大な力で、対立していたペリシテ人を数多く倒したために、「大勇士」と呼ばれていました。

しかし、妻に裏切られて髪を切られたために神から与えられた力を失い、ペリシテ人に捕らえられてしまったのです。

それまで苦しめられていたペリシテ人は、サムソンの目をくり抜き、青銅の足かせをかけて、ペリシテ人の宮殿に引き出して侮辱し、笑いものにしたのです。

その時、サムソンは神に「もう一度私を強くし、ペリシテ人への仇討ちをさせてください」と祈りました。その祈りに応え、神はふたたびサムソンに力をお与えになったのです。

するとサムソンは、寄り掛かっていた宮殿の柱を倒し、このため宮殿は崩壊し、そこにいたすべての人が絶命しました。聖書には、「サムソンが死ぬ時に殺した者は、生きている時に殺した者より多かった」と書かれています。

このサムソンの、敵との戦いにおける自決とも取れる行為は、戦場において後退して生きながらえるよりも、あるいは、「敵に捕まって恥を受けるより潔く死んだほうがよい」と言って死んでいった第二次世界大戦の日本兵や、必ず死ぬとわかっていても祖国のために敵艦に体当たり攻撃をした神風特別攻撃隊の姿を彷彿とさせるのです。

サウル王の切腹

ユダヤ王国の初代サウル王は、紀元前一〇〇四年に、ペリシテ人との最後の戦いで、絶体絶命の危機に追い込まれました。

兵士たちは先を争って退却し、敵兵はいまにもサウル王に迫りくる勢いでした。サウル王の三人の勇敢な息子たちはすでに戦死し、敵は王を弓矢の射程に追い詰めていました。

「剣を抜き、それをもって私を刺せ」(『サムエル記』第三一章四節)と、サウル王は従者に命じました。しかし、従者はとてつもない命令に畏れを感じ、王を刺すことなどできずにいました。

敵の手に落ちることを望まないサウル王は、ついに自ら剣を取り、その上に倒れて自決しようとしました。しかし、それだけでは死ぬことができず、サウルは、偶然そこに現れたアマレク人にとどめを刺すように願うのでした。

これは、切腹での介錯を思わせます。さらに、サウル王が死んだのを見た戦士たちも、その剣で自らを刺し、命を絶ちました。つまり、殉死でした。

確かに、ユダヤ教は自殺を認めていません。しかし、サウル王のこの行動は正しかったと、そうユダヤ教では解釈されています。

その理由は、ここで捕えられて捕虜になってしまえば、イスラエルの王の尊厳が地に堕ちてしまうからです。かつての日本軍の『戦陣訓』では、「生きて虜囚の辱めを受けず」と戒めていますが、これは、ユダヤ教の教義からも、理解し得る内容です。尊厳死という言葉もあるように、「死によって尊厳を護る」という行為が、価値あるものと認知されているのです。

聖書の他の箇所を読めば、当時の捕らえられた王がどのようなひどい目にあわせられるか、明白だったということもあります。

このように、ユダヤ教では、むしろサウル王の死は、民族の誇りを護るための勇敢な行為であった、とされているのです。

エリエゼル・マカビィの死

紀元前一六四年、当時イスラエルの土地を支配していたギリシャの勢力を、ユダヤ人のマカビィ一族が追い払うという事件が起こりました。「マカビィの反乱」として知られていますが、ユダヤ人は、いまでもこの反乱の勝利を記念して、「ハヌカ（宮清めの祭り）」の祝いを行います。

この反乱は、ユダヤ人にとって極めて困難な戦いでした。それというのも、当時のギリシャ軍は、最先端の文明を誇り、技術的にも物量的にも強大な力を持っていました。とてもユダヤ人が勝てるような相手ではなかったのです。

ギリシャ軍は、戦車部隊、ゾウ部隊を編制して押し寄せてきましたが、ユダヤ軍は正面から立ち向かうことはできず、退却を余儀なくされたのです。

ところが、モディンの大激戦で、ユダヤ軍の指揮官だったエリエゼル・マカビィは、槍一つで敵前に飛び出していったのです。そしてゾウ軍団の中に、ギリシャ軍の総大将アンティオコス三世が乗っていると思われる、ひときわ立派な飾りつけのゾウを発見すると、エリエゼルはギリシャ兵を蹴散らし、そのゾウのそばに近づいたのです。

そして、素早くゾウの下に潜り、槍で腹を突き刺すと、巨大なゾウは倒れ、エリエゼルもその下敷きになって共に死んでしまうのです。

実は、敵将アンティオコス三世は、そのゾウには乗っておらず、戦闘もギリシャの勝利に終わりました。

しかし、自分の命にかえて勇敢な戦いをしたエリエゼルの死を、ユダヤ人はいまでも、英雄として語り継いでいるのです。

「マッサダは二度と落ちない」――伝説の戦跡

イスラエルの南部には、塩の湖として知られる「死海」があります。

そのほど近くに、マッサダと呼ばれる、岩山を利用してつくられた要塞があります。ここは、イスラエル人にとって、決して忘れることのできない戦いの地なのです。

紀元七〇年、ローマ帝国軍がユダヤ人の国を攻めたことがありました。ローマの歴史では「第一次ユダヤ反乱」と称していますが、「ユダヤ・ローマ戦争」とも呼ばれています。

ローマ軍は圧倒的な武力によってイスラエルに侵攻し、わずか四カ月で首都エルサレムを陥落させ、神殿などを破壊し尽くしたのです。このことで、ユダヤ人は国を失い、世界中に散らされることとなったのです。

しかしその当時、世界最強だったローマ軍を相手に、最後の最後まで戦ったユダヤ人たちがいました。ヘブライ語で「カナイーム（愛心党）」と呼ばれる人々でした。

なんと三万余というローマの大軍に囲まれた九六七人は、四〇〇メートルという高さで四方を絶壁に囲まれたマッサダの丘の上を平にした砦に立て籠もり、最後の抵抗を試みたのです。その中には、老人や婦女子も含まれていました。

彼らは聖書の「シュマー　イスラエル」（イスラエルよ聞け）という言葉で始まる一節にある「心をつくし、生命をつくし、力をつくして汝の神を愛すべし」という言葉に従い、異教徒と異教の神に屈することを拒み、戦い続けたのです。

三万のローマの大軍ではありましたが、険しい絶壁に阻まれ、なかなか攻め込めません。さらにこの要塞には、ヘデロ王の時代から、一万人の兵士を支えられるだけの貯水槽や、食糧の貯蔵庫などがあり、長期の戦いにも耐えられるようになっていました。

このため、戦いは、実に三年に及んだのです。

その間に、ローマ軍はマッサダの砦の頂上に向かって土を盛り上げ、突撃のための通路をつくり始めました。

やがてその道は頂上に到達し、また砦の壁も、「破城槌《はじょうつち》」と呼ばれる武器で破壊されました。

ローマ軍が砦になだれ込めば、ユダヤ人の老人も婦女子も、殺されるか悲惨な運命を辿ることになるのは、明らかでした。

その時、指導者だったエリエゼル・ベン・ヤイールは、次のように人々に語りかけたのです。


勇気ある立派な戦士諸君、我々はかつてローマ人にも神以外の他のいかなるものにも、奴隷として仕えないと決心した。

それは、神だけが人間の真実の正義の主人であるからだ。

いま、我々の決意を行動で証明する時がきた。

いま、我々が生きながらえてローマ兵たちの手に落ちれば、奴隷にされることはもちろんのこと、間違いなく手ひどい仕打ちを受ける。

我々は、ローマに反旗を翻した最初の者であり、ローマ兵たちと戦う最後の者となった。私は信じる。我々は自由の戦士として、立派に死ねるこの恵みを神から与えられているのである、と。

同志諸君！　我々の妻が辱められる前に、子が奴隷の身を経験する前に、彼らを天に送ろうではないか。そして彼らが逝ってしまったら、我々も自由を埋葬用の高貴な包み布として保持しながら、互いに相手に対して寛大な奉仕をしようではないか。

しかしそうする前に、まず我々の持ち物と要塞を焼き尽くそう。そうすれば、私にはよくわかるのだが、ローマ兵たちは、我々の肉体を制圧できないために、また期待したものにありつけないために、嘆き悲しむであろう。だが、食糧だけは、残しておこう。なぜならそれは、我々が死んだ後も、決して我々が食糧不足のために屈したのではなく、最初の決意どおり、奴隷になるよりも死を選んだことを我々のために証明してくれるからである」

（ヨセフス著『ユダヤ戦記』）

この演説の後に、彼らは玉砕したのです。

彼らはまず、くじで一〇人を選び、その一〇人が他の人を剣で殺しました。そしてさらにくじで一人を選び、その一人が九人を殺して、最後に残った者が自決したのでした。

このマッサダの最期では、二人の母親と五人の子供だけが穴に隠れ、奇跡的に生き残りました。それによって後世に伝えられ、いまこうして私たちも知ることができているのです。

繰り返しになりますが、ユダヤ教では、自殺は禁じられています。もし自殺をすれば、家族とは同じ墓に入れない決まりがあります。

しかし、マッサダで、奴隷として売られ辱めを受けるよりも、潔く死を選んだ彼らは、今日、やはりイスラエルの英雄となっているのです。

マッサダの砦では、現在、イスラエル軍の新兵の「入隊宣誓式」が執り行われています。新兵たちは、ここで聖書と銃を受け取り、「マッサダは二度と落ちない」という誓いを立てるのです。

現在のマッサダの砦

ユダヤ教と「自殺」の関係

ユダヤ教の賢者の解釈において、こうしたサウル王の死、サムソンの最期、そしてマッサダの勇者たちについて、多くの書物が書かれています。

そして、それぞれの在り方について、多種多様な解釈があります。

サムソンの最期については、勇者であるサムソンが、ペリシテ人の捕虜となり、目をくり抜かれ、多くの人の前で嘲笑され、辱めを受けた後、神に「もう一度、敵を倒す力を与えてほしい」と祈り、その結果、怪力がふたたび与えられ、宮殿の柱を倒すことで多くの敵を道連れにし、建物の下敷きになって死んでいます。

サムソンは、自分も死ぬ覚悟の上で、神に祈っているのです。その行為を、神は認めたと、ユダヤ教では解釈できるのです。単に、自分の苦しみ、辱めから逃れるためだけではないのです。宮殿に立て籠もるイスラエルの民を苦しめている敵と、その指導者への報復です。

これは、民族のために自分の命を捧げても惜しくないという魂の在り方で、それは先の大戦で祖国のために散華した日本の将兵の大和魂にも一脈通じるものがあると思うのです。

エリエゼル・マカビィの場合は、敵の捕虜になって辱めを受けたり、死の危機が迫っていたというわけではありません。

しかし彼は、自分が死ぬかもしれないという行動を、自ら選択したのです。その行動は、ユダヤ教でも、紛れもなく「勇敢な行動」であり、殉教であるとされています。

確かに、マカビィの行動は、戦況を変えるような戦果には至っていません。しかし、その勇敢な戦法は、今日でも、敵を打ち破るための戦法として、語り継がれているのです。

サウル王やマッサダの勇士たちの行為は、決して敵に打撃を与えるものではありませんでしたし、神からのお告げや「見えない許可」があったわけではありませんが、ユダヤの注解書などをひもとくと、サウル王の自決も「殉教」として捉えられているのです。「敵による、民族の誇りへの辱めからまぬがれた」と、そう書かれています。

マッサダの指揮官エリエゼル・ベン・ヤイールについては、作家のヨセフ・ベン・マテテヤウがその書著の中で、「エリエゼルは、自分たちがローマ人に捕らえられて磔にされて殺されるくらいなら、死んだほうがよいと考えた」と記しています。

ローマ人に捕らえられれば、女性は凌辱され、男性は侮辱されて殺されるのは明らかでした。

それゆえに、自決して果てた彼らの行動は、ユダヤの掟にも受けいれられているのです。

神話の時代からある日本人の「自決」の思想

神道には、死に対する嫌悪が存在します。それは、伊邪那岐が死の穢れを祓うために禊をしたことからもわかります。

ユダヤ教でも、祭司たちは死の穢れを祓うことを神から教えられており、それは聖書にも記されています。

しかし、ユダヤ教も前述の通り「自決」を肯定するような側面もあります。

同様に、日本最古の書である『古事記』も、前述した弟橘媛の神話にあるように、自殺を「贖いの愛」として受けいれているように思われます。

自分の身を犠牲にし、死をもってしてでも成そうとする生き方の例は、建武の中興の時の武将・楠木正成《くすのきまさしげ》にも見られます。

楠木正成は、後醍醐天皇の勅命を受けて、鎌倉幕府を倒すために挙兵、一三三三年に倒幕を果たし、天皇親政の樹立に成功しました。しかし、後醍醐天皇は武士の不満を解決することができず、こうした武士の不満を背景に挙兵したのが、足利尊氏《たかうじ》でした。

ふたたび正成は、天皇を護るために七百余騎を率いて湊川に出陣するのです。

一〇万余の足利尊氏軍と、その弟である直義《ただよし》の一万余の軍勢との挟み撃ちにあったにもかかわらず、勇猛果敢に奇襲戦法をも駆使して、最後まで戦ったのでした。

この「湊川の戦い」は、日本史上最も激しい戦いと言われる大奮戦でしたが、ついには足利軍に囲まれ、楠木正成は敗戦を覚悟するのでした。

その時に、彼は弟の正季《まさすえ》に「死ぬ前の最期の願いは何か」と尋ねるのです。

すると正季は、「七たび人と生まれて、逆賊を滅ぼし国に報いん」と答えたのです。

この返事に正成は喜び、「必ずやこの本懐を達成せん」と、そう断言しました。

そして二人の兄弟は腹を切り、刺し違えて互いにとどめを刺したのです。

この時の言葉は、「七生報国《しちしょうほうこく》」として、よく知られています。

聖書の『箴言』第二四章一六節には、「正しい者は七たび倒れても、また起き上がる」と記されています。楠木正成の行為も、これもまた、ユダヤ教に一脈通じるものでした。

神風特別攻撃隊

神風《しんぷう》特別攻撃隊、いわゆる「特攻隊」が出撃する前の最後の夜を、どのような心情で過ごしたのかは、友人、知人などの言葉や、親兄弟、妻や子に宛てた手紙や和歌など、多くの遺された証言によって知ることができます。

日本の歴史上、最大の国難を克服するために、日本民族は「特攻」作戦に望みを託したのです。

多くの特攻隊員が、自分たちの作戦によって戦争の局面が挽回できるわけではないと知りつつつも、祖国のため、そして愛する家族を護るために、飛び立っていきました。

単に、敵に敗れて捕虜の身になるよりも潔く死んだほうがいいというメッセージだけでなく、そこには非常に強い意志が感じられます。敵に戦力的なダメージを与えるだけでなく、精神的にも打撃を与えようという目的です。

その行動は、およそ二千年前に、ユダヤ民族の危機を救うために、ギリシャの大軍に決死の戦いを挑んだエリエゼル・マカビィの戦いと相通ずるものがあります。

そして特攻隊は、サムソンのように、「その作戦で自分は死ぬ」、あるいは「それによって勝利する見込みがない」とわかっていても、あえて戦った姿にも、重ね合わせることができます。

「葉隠」の「武士道とは死ぬことと見つけたり」との精神

武士道は、宗教ではありません。しかしそれは、武士とその家族、ひいては日本民族すべての中にある根源的なものであるといえます。あえてユダヤ教と分けるとすれば、武士道にはユダヤ教のように、自らの命を絶つことに、道徳的な意味での抑制やためらいがあまり見られないということです。

それどころか、武士道において「自殺」は、主君への忠誠心の表れであり、切腹は敵に捕らえられる恥をしのぐ方法であり、名誉の死なのです。名誉であるから、死によって自分の命が失われることへのためらいがありません。

自分たちより数倍の戦力を持つ敵から、国や民族、そして家族を護り、敵の軍に打撃を与えるために、その若き生命を捧げたのです。

「神仏習合」以前、神話に遡る大和魂

聖徳太子の「一七条憲法」の第二条は、「三宝帰依《さんぽうきえ》」を説いています。これは、仏教の「仏・法・僧」の三宝を深く信仰しなさいということです。

確かに、八百万の神々の臨在する神道は、おおらかで、他の宗教や教えをも包含する側面があります。この点は、ユダヤ教とは違います。

しかし、武器を取って戦う精神や「自裁」の精神の在り方は、仏教と相容れるようにも思われません。

こうした「武士道」の精神の原点は、やはり、日本の神話に立ち返ることなく理解することはできないのです。

では、命を捨ててまで、日本の神話に出てくる英雄たち、神々は、何を護ろうとしたのでしょ

うか。

私は、それこそが天津日嗣《あまつひつぎ》、高天原から天孫降臨をした天津神の末裔である天皇と、その「シロシメス」神州日本と、その神の国の民である日本民族であったのではないかと、そう思うに至ったのです。

武士道というものの原点が、そこにあった。

神の国を護るためにこそ、武士道があった。

それが、天皇を中心とする国家体制の中で、天皇や皇族、宮廷人、防人へと伝播し、さらにはそれが職位としての武士の精神となり、江戸時代頃には、「道徳」としても、「武士道」がより洗練されたものになっていったのではないか。

そして、「王政復古」「神武創業の精神に立ち返る」という明治維新を経て、四民に拡がり、さらには日本を取り巻く欧米列強の脅威の中で、日清・日露の戦役、そしてさらには満洲事変、シナ事変、大東亜戦争へと、「神」と「武」の精神が、高まっていったのではないかと、そう思うのです。

この、神話から現代に至る「天皇国・日本」、「神国日本」の在り方は、単に「武士道」という枠組みだけにおさまらない、もっと大きな、あるいはもっと根源的な、神話の時代から二一世紀にまで連綿と継承される「国体」であり、日本の歴史の底流に一貫するものであると思うのです。それは、「武士道」というよりは、もはや「日本道」と位置づけられるべきものです。そして、「日本道」は、いま、「日本人の在り方」として、世界中の人々の心を捉えているのです。

神話の時代から、天皇を天津日嗣と戴いて、その信仰と、神州である国土と、神の子である日本民族が築き上げてきた精神性や徳性が、いま世界に広まり、世界中の多くの人々に注目されているのです。

「日本道」は、万世にわたり一貫した日本人の原理原則《プリンシプル》だ！

日本という国は、神話から生まれました。その神話の時代から二一世紀の今日まで、一貫して日本という国に形づくられ、彩られた道があります。

それは、正しく「日本道」と呼ばれるべきものです。

日本という国と日本人を、何千年にもわたって導き、生かしてきた、日本の「しきたり」です。さまざまな困難や外からの影響、時代の変革を乗り越え、日本人が今日まで、一つの国家、一つの民族として生存し続け、立ち居振る舞ってきた「作法」であり、「生きざま」です。

もちろん、日本の歴史にはさまざまな時代があり、その時代ごとに特色があります。

二一世紀の初めにあたる現代に、世界中の人々が、日本の武士の時代を取りあげた小説や映画に目覚め、魅了されています。それは、創作や史実のいかんを問わず、人々を惹きつけているのです。サムライの生きざまや行動規範といった武士道の姿を映したものに、心を奪われているのです。

しかし、この本で私は、こうした武士道の原点に踏み込んだと思っています。

武士道の原点ともいうべき「日本道」は、神話の時代から存在していたのです。

信仰、民族、国土という「黄金の三角形」が存在する限り、「日本道」は歴史のさまざまな時代を生き続け、日本の国や民族に影響を与え続けてきたのです。

武士道の核も土台も、「日本道」にあるのです。その「日本道」があったからこそ、武士道が生まれ、発展し、日本国民に影響を及ぼしてきたのです。

武士道は、四百年ほどの武士の時代に磨かれ、平和な江戸時代により洗練された規範や道徳となり、明治維新を経てその姿をかつての武士以外の国民一般にまで広げました。

武士道の規範や生きざまは、日本社会のあらゆる面で模範にされ、教育の基本ともなり、個人にとっても社会にとっても、あるいは企業や組織にとっても、お手本とされるようになりました。

日本社会や日本人を動かす原理原則ともいうべき武士道の、その原点はいずこにあったのか、ということです。

その原点から、武士道を包含し、今日まで連綿とつながる日本の在り方、立ち居振る舞いを、私は、「ジャパニーズ・ウェイ」、つまり「日本道」と、そう位置づけたのです。

どうやら日本人には、自分たち日本人の立ち居振る舞いを、原理原則や行動規範として分析するのは、なかなか難しいことのようです。

しかし、日本を訪れる外国人に尋ねてみれば、即座に、「日本社会と日本人は、極東の他の国々ともまったく違っているし、ましてや西洋とはまったく違う」と言われることでしょう。

「日本人は、礼儀正しく、信用でき、文化は洗練されていて、驚くほどにカラフルで、美しい。そして、他にないことだが、バスや電車に乗っても、駅に行っても、旅館に泊まっても、人と会っても、会話をしても、とにかく時間に正確で、きちんとしていて、清潔で……」と、具体的な事例がいくつも出てくることでしょう。

こういう時、日本人は、「それがめずらしいの？」と訝し気なそぶりを見せます。おそらく、日本人にはごく普通のことで、あまりにも自然、当然なことなので、それを意識すらすることもないのでしょう。しかし、「日本道」は、日本人にはごく普通のことでも、多くの「外国人」にとっては、そうではないのです。

まあ、それだからこその「日本道」であり、世界でも最も古い王朝、神話が、天皇というご存在によって二一世紀までも生き続けている国の流儀であり、作法であり、原理原則でもあるのです。

「日本道」は、武士道の原点。まさに、神話の時代からいまに至るまで生き続ける、日本人の魂であり、日本が永遠の時の中を歩む、奇跡の「道」なのです。

おわりに

本書をまとめ終わろうとした時、期せずしてあるニュースが舞い込んできました。米国のドナルド・トランプ大統領が、「イスラエルの首都はエルサレムであり、現在テルアビブにある米国大使館を、首都エルサレムに移す」と言うのです。

本書で何度も論じたように、エルサレムはイスラエルの首都であり、それ以外はあり得ません。

マスコミは、「反トランプ」キャンペーンの一環で、トランプ批判に終始しています。しかし、そもそも米国大使館をイスラエルの首都エルサレムに移すというのは、米国民主党のクリントン大統領、オバマ大統領も選挙戦で訴えていたことです。

クリントン大統領、ブッシュ大統領、オバマ大統領という歴代の大統領が、イスラエルの首都はエルサレムであると認め、宣言しています。

そして、その宣言そのものは、トランプ大統領によるものではなく、米国議会が法案を通過させ、米国の民意によって決まったものです。

ただ、これまでの大統領は、選挙における票の獲得のためだけに、いわばリップサービスをしているだけだったのを、トランプ大統領が初めて「議会決定を実行する」と、そう言ったまでのことです。つまり、トランプ大統領が、突然に言い出したことではないのです。

本書をお読みいただければおわかりいただけると思うのですが、いまから四千年余の昔に、イスラエルの父祖であるアブラハムが、神の命に従って息子であるイサクを生贄として捧げようとしました。聖書に描かれたこの出来事は、エルサレムの中心にあるモリヤ山で起こった出来事なのです。

いまから三千年前には、イスラエル王国のダビデ王が、イスラエルの首都はエルサレムであると、そう宣言しています。これらはすべて聖書に書かれていることなのです。

聖書の教えに依って立つ、イスラム教も、キリスト教も、もちろんのことユダヤ教も、エルサレムがイスラエルの首都であることを認めています。

二千数百年前、北イスラエル王国と南ユダ王国に分裂したイスラエル王国は、それぞれ侵略によって崩壊し、ユダヤ人は世界中に離散しました。しかしユダヤ人は、朝、昼、晩と一日三回、神の命に従って祈りを捧げました。「神がシオン（エルサレム）に、我々を帰還させる日が訪れますように」という祈りは、二千年の時を経て叶えられ、ユダヤ人は世界中からエルサレムへと帰還したのです。

このエルサレムへの帰還は、国連でも宣言され、受けいれられたことなのです。何人も、歴史的にも、宗教的にも、伝統的にも、政治的にも、すでに明々白々なことを、再度宣言する必要はありません。

七〇年前にイスラエル国が建国されてから、エルサレムはイスラエル国の再建に尽くしてきました。エルサレムには、イスラエル議会も置かれています。最高裁判所も、官庁街も、大統領公邸、首相官邸も、エルサレムにあります。新任の大使は、イスラエルでの各国代表として、エルサレムでイスラエル大統領に謁見するのです。

イスラエルの首都がエルサレムであると認める国も認めない国も、現実的にはエルサレムに来ることなしには、すべてが始まらないのです。

エルサレムは、他のいかなる国の首都にも、なったことはありません。パレスチナの首都となったことも、絶対にないのです。そもそもパレスチナは、人類の歴史において、国であったことがありません。

トランプ大統領の宣言は、イスラエルにプラスになるのであればありがたいことですが、国際的にイスラエルの立場を弱めたり、現実的にダメージを生じさせるのであれば、イスラエルにとってはマイナスとなります。

それでもなお、私はトランプ大統領の実行力に敬意を表します。世界の多くの政治家が、選挙公約を実行しないことが多い中で、しかも、このように微妙かつ難しい問題について、トランプ大統領が選挙中の公約を実行に移すことに対し、賛意と感謝を申し述べたいと思います。シオンは、神がイスラエルの民に「約束した地」であることは、聖書にある通りです。これは、人間が決めたことではなく、「神勅」に従うことなのです。

元駐日イスラエル大使　エリ＝エリヤフ・コーヘン

翻訳・構成担当者によるあとがき

元駐日イスラエル大使のエリ・コーヘン氏とは、大使在任中から外交評論家の加瀬英明先生を介してお目にかかる機会があった。また、知己のジャーナリスト大高未貴氏が、イスラエル取材でお世話になっていると聞いていたし、同志でもある国際政治学者の藤井厳喜氏がコーヘン氏と対談して共著を出版した際、その記念パーティーにも出席させていただいた。

靖国神社で二宮報徳会の講演会を開催していると、となりの部屋で居合の演舞のために着替えをしていてバッタリ出くわしたこともあり、不思議な縁も感じていた。

今回、コーヘン氏の本を出すことになったきっかけは、平成二九年（皇紀二六七七年）五月一四日に、淡路島で行われた「古代ユダヤ遺跡発掘六五周年の記念式典と祭典」だった。この催しは、知人の成田亨氏がプロデューサーとして仕掛けたものだ。

当日は、全世界への英語による「実況放送」と、伊弉諾神宮の本名孝至宮司の日本語の講演を英語に通訳するのが私の役割だった。しかし、コーヘン氏の通訳を担当する予定だった女性の都合が直前につかなくなり、ピンチヒッターで私がコーヘン氏の英日の通訳も務めた。

それから二日間コーヘン氏に同行し、帰りの新幹線で話が盛り上がって、今回の本を出そうということになった。

昨年（平成二九年）の五月から、コーヘン氏が来日するたびに英語で取材し、英文で取りまとめた原稿を校正、加筆してもらった。その上で意見交換や議論を繰り返し、これまでコーヘン氏が著した本の内容なども取り込んで、まとまった内容を基軸に翻訳・編集して、本書をまとめた。

実は取材の内容は、一冊にはとてもおさまりきらない、広範かつ重層的なものとなった。そこで今回は、「神国日本」の歴史と武士道、そして著者の「黄金の三角形」論に焦点を絞った。近いうちに、第二弾、第三弾も世に問うつもりである。

国際ジャーナリスト・翻訳家　藤田　裕行

主要参考引用文献

『大使が書いた日本人とユダヤ人』エリ・コーヘン著　青木偉作訳（中経出版）
『ユダヤ人に学ぶ日本の品格』エリ＝エリヤフ・コーヘン、藤井厳喜共著（ＰＨＰ研究所）
『グローバル時代のビジネス武士道』エリ・コーヘン著（ディスカバー21）
『驚くほど似ている日本人とユダヤ人』エリ・コーヘン著　青木偉作訳（中経文庫）
『日本で目覚めたユダヤ魂　国のために死ぬことはよいことだ』エリ・コーヘン著　青木偉作訳（日新報道）
『ユダヤ製国家日本――日本・ユダヤ封印の近現代史』ラビ・マーヴィン・トケイヤー著　加瀬英明訳（徳間書店）
『聖書に隠された日本・ユダヤ封印の古代史』ラビ・マーヴィン・トケイヤー著　久保有政訳（徳間書店）
『国体の危機』藤田裕行著（アイバス出版）
『英国人記者が見た世界に比類なき日本文化』ヘンリー・S・ストークス、加瀬英明共著（祥伝社新書）
『面白いほどよくわかる　ユダヤ世界のすべて』中見利男著（日本文芸社）
『聖書』新共同訳（日本聖書協会）
『古事記』武田祐吉訳
『全現代語訳　日本書紀（上下）』宇治谷孟訳（講談社学術文庫）

◆著者◆
エリ＝エリヤフ・コーヘン（Eli-Eliyahu Cohen）

1949年エルサレム生まれ。

1975年ヘブライ大学数学物理学科卒業、1997年ロンドンテームズヴァリー大学にてＭＢＡ取得。

保険代理店・コンピューターマーケティング社勤務、マーレアドミム市副市長を経て、1991年国防省ナハル局局長就任。1993年周辺地域開発担当局長。1997年国防大臣補佐官。

退任後、フランス及びイスラエルの複数のハイテク企業社長、国会議員（リクード党）を経て、2004年より2007年まで駐日イスラエル大使を務める。

現在は、ＥＣアドバンスド テクノロジーズ マーケティング 代表取締役。

特技として、イスラエル松濤館流空手道協会会長（松濤館大島道場五段）、全日本剣道連盟居合道（五段）。その他の活動としては、文化・運動・青少年コミュニティーセンター会長、ヒマラヤ山脈（ブータン、チベット）捜索隊長、アリエル大学理事長(民間理事)

日本での著書に、『大使が書いた日本人とユダヤ人』(中経出版)、『ユダヤ人に学ぶ日本の品格』共著（ＰＨＰ研究所）、『グローバル時代のビジネス武士道』(ディスカヴァー21)などがある。

◆訳・構成◆
藤田 裕行（ふじた ひろゆき）

国際ジャーナリスト、翻訳家。1961年東京生まれ。

日本外国特派員協会プロフェッショナル・アソシエイト。

二宮報徳連合代表、日本会議東京都本部理事、一般社団法人放射線の正しい知識を普及する会事務局長など多くの団体の役員を務める。元「国民新聞」論説委員。

上智大学外国語学部比較文化学科中退。

日本テレビ、テレビ東京、ニッポン放送などで、海外情報の取材通訳、字幕翻訳、放送作家を担当。

日本武道館での「憲法改正」一万人集会では、安倍首相、櫻井よしこ氏、百田尚樹氏の英語同時通訳を担ったほか、国連ＩＴＵ、米国国防総省、ＣＩＡ幹部の通訳も務めた。

著書に『国体の危機』（アイバス出版）、訳書にヘンリー・Ｓ・ストークス著『大東亜戦争は日本が勝った』『戦争犯罪国はアメリカだった!』（いずれも弊社刊）、『英国人記者が見た連合国戦勝史観の虚妄』（祥伝社）他多数。現在はフリーランスのジャーナリストとして、日本外国特派員協会などで英語で取材活動をしている。

元イスラエル大使が語る神国日本
神代から大東亜戦争、現代までつらぬく「日本精神」とは

平成 30 年 5 月 12 日　第 1 刷発行

著　者　エリ・コーヘン
訳・構成　藤田　裕行
発行者　日高　裕明
発　行　株式会社ハート出版

〒 171-0014 東京都豊島区池袋 3-9-23
TEL.03(3590)6077　FAX.03(3590)6078
ハート出版ホームページ　http://www.810.co.jp

ISBN978-4-8024-0047-3　C0021

印刷・中央精版印刷株式会社

犠牲者120万人　祖国を中国に奪われたチベット人が語る

侵略に気づいていない日本人

日本人よ、中国の属国になってもいいのか？
中国による巧妙な侵略計画は日中国交正常化から既に始まっていた！

ペマ・ギャルポ 著
ISBN978-4-8024-0046-6　本体1600円

なぜ大東亜戦争は起きたのか？

空の神兵と呼ばれた男たち

日本は、自衛のため、白人による500年以上にも渡る残虐な植民地支配からアジアを解放するために立ち上がった。

髙山正之　奥本 實 共著
ISBN978-4-8024-0030-5　本体1800円

大東亜戦争は日本が勝った

英国人ジャーナリストヘンリー・ストークスが語る「世界史の中の日本」

日本よ、呪縛から解放されよ！
「太平洋戦争」はアメリカの洗脳だった。

ヘンリー・S・ストークス 著　藤田裕行 訳
ISBN978-4-8024-0029-9　本体1600円

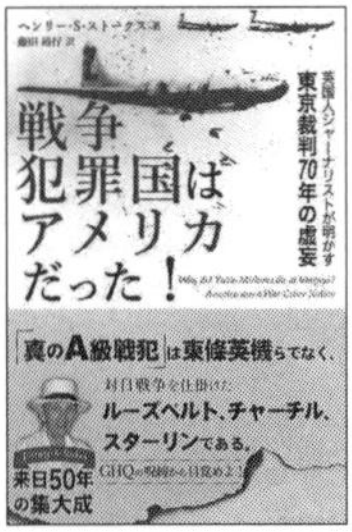

戦争犯罪国はアメリカだった

英国人ジャーナリストが明かす 東京裁判70年の虚妄

ＧＨＱの呪縛から目覚めよ！「真のＡ級戦犯」は、ルーズベルト、チャーチル、スターリンである。

ヘンリー・S・ストークス 著　藤田裕行 訳
ISBN978-4-8024-0016-9　本体1600円